劳动实践教育

主　编　史小燕　庞　亮　石志增
副主编　马婧奕　李丽真　张升平　刘肖雷
参　编　高菲菲　闫子鹏　王静垚　张彬彬
　　　　吴　迪　崔玲玲

科学出版社
北　京

内 容 简 介

本书为中等职业学校开展劳动教育课程使用的教材兼学材，内容设计充分考虑了中职生的年龄特点和认知规律。全书共分四篇：树立正确的劳动观、养成劳动好习惯、体验社会生产生活、提高劳动技能水平。这四篇的内容不仅符合中等职业学校劳动教育的教学目标，也符合学生成长的需求，旨在引导学生树立正确的劳动观念，养成良好的劳动习惯，提升社会生产生活体验，提高劳动技能水平。本书在内容编排上采用任务引导的形式，各任务以实际生活和工作中常见的劳动场景为依托，学生在完成任务的过程中，通过实践活动来学习和掌握劳动知识和技能。同时，每个任务都设计了若干活动，既有理论学习，也有实践操作，使学生能够在理论和实践相结合的过程中，全面提升自己的劳动素养。

本书可作为中等职业学校劳动教育和实践活动相关课程的教材，也可作为劳动教育领域研究人员的参考用书。

图书在版编目（CIP）数据

劳动实践教育 / 史小燕，庞亮，石志增主编. -- 北京：科学出版社，2024. 10. -- ISBN 978-7-03-079267-9

Ⅰ. G40-015

中国国家版本馆 CIP 数据核字第 2024LV8084 号

责任编辑：万瑞达　周春梅 / 责任校对：马英菊

责任印刷：吕春珉 / 封面设计：东方人华平面设计部

科学出版社 出版

北京东黄城根北街 16 号

邮政编码：100717

http://www.sciencep.com

三河市中晟雅豪印务有限公司 印刷

科学出版社发行　各地新华书店经销

*

2024 年 10 月第 一 版　开本：787×1092 1/16

2024 年 11 月第二次印刷　印张：11 1/4

字数：266 000

定价：42.00 元

（如有印装质量问题，我社负责调换）

销售部电话 010-62136230　编辑部电话 010-62138978-2040

前　言

本书根据《中共中央 国务院关于全面加强新时代大中小学劳动教育的意见》和《大中小学劳动教育指导纲要（试行）》文件精神，结合中等职业学校学生特点和教育需求编写而成，旨在通过系统的劳动教育课程学习，培养学生的劳动观念、劳动技能和劳动习惯，提升学生的综合素质，为学生未来的职业发展和社会适应能力奠定坚实基础。

开展中职生劳动教育，不仅要让学生掌握必要的劳动知识，理解劳动教育的意义，也要让学生掌握一定的劳动技能，获得一定的劳动体验，同时要与专业学习相结合，帮助学生逐步适应专业工作、职场生活、社会挑战。因此本书在必要的劳动知识基础上，重点设计了一个个相对独立又成体系的劳动活动，活动内容源于生活又适度提升，既有对知识的“教”，也有对实践的“做”，以及对劳动任务与实践的反思。7个任务的“任务知识”部分，主要包含劳动精神、劳模精神、工匠精神、劳动组织、劳动安全和劳动法规等方面，符合“职业院校开设劳动专题教育必修课，不少于16学时”的要求；每个任务包含5～7个活动，与学生生活实际、专业学习紧密相关，与加强学生管理工作同向而行。全书共计38个活动，可满足一学年每周开展2课时劳动教育的需要。

在编写本书的过程中，编者参考了已有的同类教材和相关研究成果及文献资料，在此向相关作者致以诚挚的谢意。由于编者水平有限，书中难免有不足之处，敬请读者批评指正。

编　者

2024年6月

目　录

第一篇　树立正确的劳动观

第二篇　养成劳动好习惯

第三篇 体验社会生产生活

第四篇 提高劳动技能水平

第二篇 树立正确的劳动观

马克思主义劳动观认为，劳动创造了世界，劳动创造了历史，劳动创造了人本身，劳动是人类的本质特征和存在方式，是实现人的全面发展的重要途径。

新时代，劳动最光荣，劳动最崇高，劳动最伟大，劳动最美丽！

新梦想，技能成就未来！

任务1 践行新时代劳动观

任务目标

1. 能准确说出国家对中职生劳动教育的基本要求。
2. 能说出自己对劳动的看法。
3. 能写出自己的劳动梦想。
4. 能参与班级、宿舍或校园美化劳动。
5. 能参与学校义务劳动。
6. 能积极分享自己的劳动成果和劳动快乐。

任务描述

刚入校的新生对学校的一切还很陌生，在熟悉校园的同时，面对学校优美的生活学习环境，该如何参与学校安排的劳动教育实践活动？如何客观公正地看待他人的劳动？如何积极参与学校劳动？让我们带着这些问题来学习本任务的知识，参与本任务的活动。

任务图志

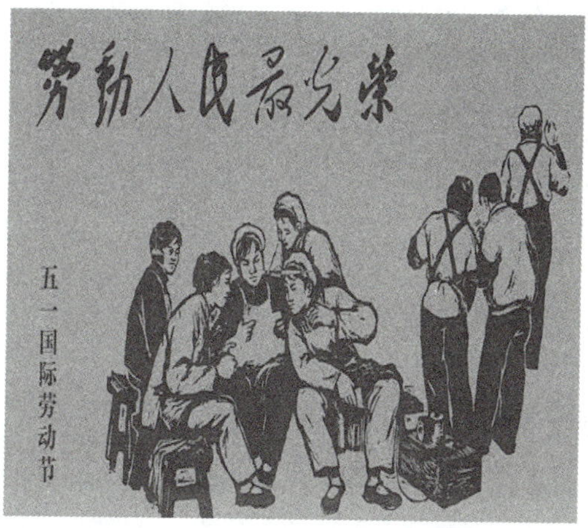

劳动光荣

古代的劳动（岩石画）

焊接

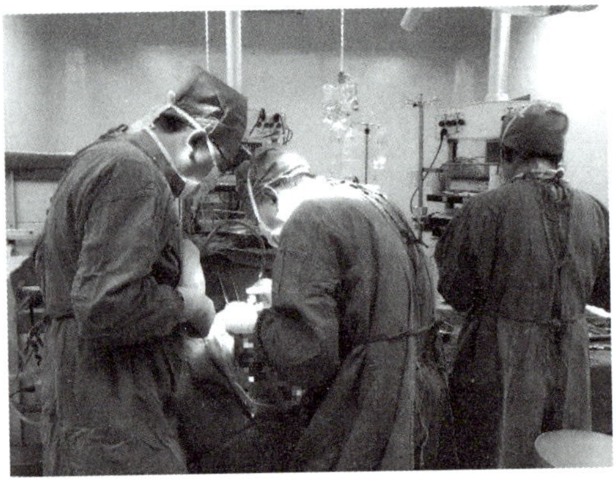

救死扶伤

任务知识

一、大中小学劳动教育相关法律、政策

（一）《中华人民共和国宪法》

宪法是国家的根本大法。《中华人民共和国宪法》对劳动有以下规定：

中华人民共和国公民有劳动的权利和义务。

国家通过各种途径，创造劳动就业条件，加强劳动保护，改善劳动条件，并在发展生产的基础上，提高劳动报酬和福利待遇。

劳动是一切有劳动能力的公民的光荣职责。国有企业和城乡集体经济组织的劳动者都应当以国家主人翁的态度对待自己的劳动。国家提倡社会主义劳动竞赛，奖励劳动模范和先进工作者。国家提倡公民从事义务劳动。

国家对就业前的公民进行必要的劳动就业训练。

中华人民共和国劳动者有休息的权利。

国家发展劳动者休息和休养的设施，规定职工的工作时间和休假制度。

国家依照法律规定实行企业事业组织的职工和国家机关工作人员的退休制度。退休人员的生活受到国家和社会的保障。

中华人民共和国公民在年老、疾病或者丧失劳动能力的情况下，有从国家和社会获得物质帮助的权利。国家发展为公民享受这些权利所需要的社会保险、社会救济和医疗卫生事业。

国家和社会保障残废军人的生活，抚恤烈士家属，优待军人家属。

国家和社会帮助安排盲、聋、哑和其他有残疾的公民的劳动、生活和教育。

（二）《中华人民共和国劳动合同法》

劳动法是调整劳动关系以及与劳动关系密切联系的社会关系的法律规范的总称。各国基本都有劳动法并将其作为维护人权、体现人文关怀的基本法律。

我国根据宪法制定了《中华人民共和国劳动法》，自 1995 年 1 月 1 日起施行；于 2008 年 1 月 1 日实施了《中华人民共和国劳动合同法》。两部法律配合使用，以保护劳动者的合法权益。

根据劳动法的规定，劳动者享有平等就业和选择职业的权利、取得劳动报酬的权利、休息休假的权利、获得劳动安全卫生保护的权利、接受职业技能培训的权利、享受社会保险和福利的权利、提请劳动争议处理的权利以及法律规定的其他劳动权利。

劳动者应当完成劳动任务，提高职业技能，执行劳动安全卫生规程，遵守劳动纪律和职业道德。

用人单位应当依法建立和完善规章制度，保障劳动者享有劳动权利和履行劳动义务。

（三）《中共中央 国务院关于全面加强新时代大中小学劳动教育的意见》

为构建德智体美劳全面培养的教育体系，于 2020 年 3 月发布的《中共中央 国务院关于全面加强新时代大中小学劳动教育的意见》（以下简称《意见》），就加强新时代大中小学劳动教育提出意见。

《意见》指出，劳动教育是中国特色社会主义教育制度的重要内容，直接决定社会主义建设者和接班人的劳动精神面貌、劳动价值取向和劳动技能水平。

《意见》要求以习近平新时代中国特色社会主义思想为指导，全面贯彻党的教育方针，落实全国教育大会精神，坚持立德树人，坚持培育和践行社会主义核心价值观，把劳动教育纳入人才培养全过程，贯通大中小学各学段，贯穿家庭、学校、社会各方面，与德育、智育、体育、美育相融合，紧密结合经济社会发展变化和学生生活实际，积极探索具有中国特色的劳动教育模式，创新体制机制，注重教育实效，实现知行合一，促进学生形成正确的世界观、人生观、价值观。

《意见》明确要求，根据各学段特点，在大中小学设立劳动教育必修课程，系统加强劳动教育。中小学劳动教育课每周不少于 1 课时，学校要对学生每天课外校外劳动时间作出规定。职业院校以实习实训课为主要载体开展劳动教育，其中劳动精神、劳模精神、工匠精神专题教育不少于 16 学时。

《意见》还要求，大中小学每学年设立劳动周，可在学年内或寒暑假自主安排，以集体劳动为主。

《意见》强调，将劳动素养纳入学生综合素质评价体系，把劳动素养评价结果作为衡量学生全面发展情况的重要内容，作为评优评先的重要参考和毕业依据，作为高一级学校录取的重要参考或依据。

（四）《人力资源社会保障部关于加强技工院校劳动教育的实施意见》

为贯彻落实《意见》精神，构建德智体美劳全面培养的技工教育体系，人力资源社会保障部于 2020 年 4 月发布《关于加强技工院校劳动教育的实施意见》（以下简称《实施意见》），就加强技工院校劳动教育提出实施意见。

《实施意见》要求各地各级各技工院校结合技工教育特点，构建技工院校劳动教育体系，将劳动教育纳入技工院校人才培养方案，增设劳动教育公共课必修课程，依托校企合作实习实训开展劳动教育，大力开展职业技能竞赛交流活动，统筹开展校内校外劳动教育，加强创业创新实践，强化劳动素养考核，把劳动素养评价结果作为衡量学生全面发展情况的重要内容，作为评优评先的重要参考和毕业依据。

《实施意见》规定劳动教育中劳动精神、劳模精神、工匠精神专题教育内容不少于每学年 16 学时。

（五）《大中小学劳动教育指导纲要（试行）》

为深入贯彻习近平总书记关于教育的重要论述，全面贯彻党的教育方针，落实《意见》精神，加快构建德智体美劳全面培养的教育体系，教育部于 2020 年 7 月印发《大中小学劳动教育指导纲要（试行）》（以下简称《指导纲要》）。《指导纲要》强调劳动教育是发挥劳动的育人功能，对学生进行热爱劳动、热爱劳动人民的教育活动。劳动教育基本理念包括：强化劳动观念，弘扬劳动精神；强调身心参与，注重手脑并用；继承优良传统，彰显时代特征；发挥主体作用，激发创新创造。《指导纲要》还规定了劳动教育目标和内容、劳动教育途径、关键环节和评价，以及学校劳动教育的规划与实施。

1. 总体目标

准确把握社会主义建设者和接班人的劳动精神面貌、劳动价值取向和劳动技能水平的培养要求，全面提高学生劳动素养，使学生树立正确的劳动观念，具有必备的劳动能力，培育积极的劳动精神，养成良好的劳动习惯和品质。

2. 主要内容

劳动教育的内容主要包括日常生活劳动教育、生产劳动教育和服务性劳动教育。

日常生活劳动教育立足个人生活事务处理，结合开展新时代校园爱国卫生运动，注重生活能力和良好卫生习惯培养，强化自立自强意识。

生产劳动教育要让学生在工农业生产过程中直接经历物质财富的创造过程，体验从简单劳动、原始劳动向复杂劳动、创造性劳动的发展过程，学会使用工具，掌握相关技术，感受劳动创造价值，增强产品质量意识，体会平凡劳动中的伟大。

服务性劳动教育让学生利用知识、技能等为他人和社会提供服务，在服务性岗位上见习实习，树立服务意识，实践服务技能；在公益劳动、志愿服务中强化社会责任感。

3. 职业院校学段要求

重点结合专业特点，增强职业荣誉感和责任感，提高职业劳动技能水平，培育积极向上的劳动精神和认真负责的劳动态度。组织学生：持续开展日常生活劳动，自我管理生活，提高劳动自立自强的意识和能力；定期开展校内外公益服务性劳动，做好校园环境秩序维护，运用专业技能为社会、为他人提供相关公益服务，培育社会公德，厚植爱国爱民的情怀；依托实习实训，参与真实的生产劳动和服务性劳动，增强职业认同感和劳动自豪感，提升创意物化能力，培育不断探索、精益求精、追求卓越的工匠精神和爱岗敬业的劳动态度，坚信“三百六十行，行行出状元”，体认劳动不分贵贱，任何职业都很光荣，都能出彩。

4. 劳动教育途径

将劳动教育纳入人才培养全过程，丰富、拓展劳动教育实施途径。

（1）独立开设劳动教育必修课。职业院校开设劳动专题教育必修课，不少于 16 学时；主要围绕劳动精神、劳模精神、工匠精神、劳动组织、劳动安全和劳动法规等方面设计。

（2）在学科专业中有机渗透劳动教育。职业院校要将劳动教育全面融入公共基础课，要强化马克思主义劳动观、劳动安全、劳动法规教育。专业课在进行职业劳动知识技能教学的同时，注重培养“干一行爱一行”的敬业精神，吃苦耐劳、团结合作、严谨细致的工作态度。

（3）在课外校外活动中安排劳动实践。将劳动教育与学生的个人生活、校园生活和社会生活有机结合起来，丰富劳动体验，提高劳动能力，深化对劳动价值的理解。

职业院校和普通高等学校要明确生活中的劳动事项和时间，纳入学生日常管理工作。

大中小学每学年设立劳动周，采用专题讲座、主题演讲、劳动技能竞赛、劳动成果展示、劳动项目实践等形式进行。普通中学、职业院校和普通高等学校兼顾校内外，可在学年内或寒暑假安排，以集体劳动为主，由学校组织实施。

（4）在校园文化建设中强化劳动文化。学校要将劳动习惯、劳动品质的养成教育融入校园文化建设之中。要通过制定劳动公约、每日劳动常规、学期劳动任务单，采取与劳动教育有关的兴趣小组、社团等组织形式，结合植树节、学雷锋纪念日、五一劳动节、农民丰收节、志愿者日等，开展丰富的劳动主题教育活动，营造劳动光荣、创造伟大的校园文化。

要举办“劳模大讲堂”“大国工匠进校园”、优秀毕业生报告会等劳动榜样人物进校园活动，组织劳动技能和劳动成果展示，综合运用讲座、宣传栏、新媒体等，广泛宣传劳动榜样人物事迹，特别是身边的普通劳动者事迹，让师生在校园里近距离接触劳动模范，聆听劳模故事，观摩精湛技艺，感受并领悟勤勉敬业的劳动精神，争做新时代的奋斗者。

5. 劳动教育关键环节

各地和学校要注重围绕劳动教育的目标和内容要求，从提高劳动教育的效果出发，把握劳动教育任务的特点，抓住关键环节，选择适宜的劳动教育方式。

（1）讲解说明。围绕劳动为什么、是什么问题，有重点地进行讲解，让学生懂得劳动的意义和价值。加强劳动观念、劳动纪律、劳动相关法律法规的正面引导，指明轻视劳动特别是轻视普通劳动的危害，让学生明辨是非。加强劳动知识技能的讲解，让学生认清事理，掌握实践操作的基本原理、程序、规则，正确使用工具的方法和技术。讲解要与启发思考、示范、练习等结合起来。

（2）淬炼操作。围绕如何做的问题，注重示范与练习，让学生会劳动。强化规范意识，注重从最基本的程序学起，严守规则，避免主观随意。强化质量意识，注重引导学生关注细节，每个步骤、环节都要精准到位。强化专注品质，注重引导学生对操作行为的评估与监控，做到眼到手到心到，有始有终。

（3）项目实践。围绕劳动能力的培养，让学生完成真实、综合任务，经历完整劳动过程。注重劳动价值体认，引导学生从现实生活中发现需求，选择和确定劳动项目。强化规划设计意识，充分发挥学生的主动性、积极性、创造性，引导学生对项目实践进行整体构思，综合运用所学知识、技术，不断优化行动方案。强化身体力行，锤炼意志品质，敢于在困难与挑战中完成行动任务。

（4）反思交流。围绕劳动价值意义的建构，引导学生总结、交流，促进学生形成反思交流习惯。指导学生思考劳动过程和结果与社会进步、个体成长的关联，避免停留在简单的苦乐体验上。组织学生交流分享劳动的体验和收获，肯定具有积极意义的认识，纠正观念上的偏差。将反思交流与改进结合起来，使学生在劳动中获得成长。

（5）榜样激励。围绕劳动的精神追求，树立典型，激发劳动热情。注意遴选、树立多类型榜样，不仅要有大国工匠、劳动模范，还要有身边劳动表现优异的普通劳动者和同学。指导学生从榜样的具体事迹中领悟他们的高尚精神和优良品质。明确要求学生在日常劳动实践中努力向榜样看齐。

6. 劳动教育评价

将劳动素养纳入学生综合素质评价体系。以劳动教育目标、内容要求为依据，将过程性评价和结果性评价结合起来，健全和完善学生劳动素养评价标准、程序和方法，鼓励、支持各地利用大数据、云平台、物联网等现代信息技术手段，开展劳动教育过程监测与记实评价，发挥评价的育人导向和反馈改进功能。

劳动教育评价包括平时表现评价、学段综合评价和学生劳动素养监测。

7. 学校劳动教育的规划与实施

（1）整体规划劳动教育。结合当地和本校实际情况，对劳动教育进行整体设计、系统规划，形成劳动教育总体实施方案。学校在劳动教育规划时要注意处理以下几个方面的关系：理论学习和实践锻炼的关系、劳动教育与其他教育活动的关系、劳动的传统形态与新形态的关系。

（2）劳动教育的组织实施。学校要建立健全劳动教育组织实施的工作机制，建立专兼职相结合的劳动教育教师队伍。要把劳动安全教育与管理作为组织实施的必要内容，强化劳动安全意识，建立健全安全教育与管理并重的劳动安全保障体系。

职业院校、普通高等学校要建立学校负责规划设计，行业企业社会机构主要负责业务指导，双方共同管理的劳动教育实施机制。通过建立劳模工作室、技能大师工作室，设置荣誉教师、实务导师岗位等，多渠道引入社会力量参与学校劳动教育。要联合社会力量，共建共享稳定的劳动实践基地、校外实习实训基地、各类型创新创业孵化平台，多渠道拓展劳动实践场所。

（3）劳动教育条件保障与专业支持。地方教育行政部门要切实加强对劳动教育工作的组织领导，明确机构和人员承担区域推进劳动教育的职责任务，切实加强条件保障、专业支持和督导评估，整体提高大中小学劳动教育质量和水平。丰富和拓展劳动实践场所，加强师资队伍建设，健全经费投入机制；加强劳动教育研究与指导组织，组织开展劳动教育课程资源研发。同时，加强对学校劳动教育实施情况的督查，建立健全劳动教育激励机制等。

二、什么是劳动

（一）人类劳动

按照一般的解释，劳动就是指生产物质资料的过程，如农民种田、工人做工等。但随着生产、社会发展的变化，劳动的含义也发生了变化，现在主要是指发生在人与自然界、人文物质之间的活动，是人类适应自然和人文活动以及改造自然和人文的独特方式，是指能够对外输出劳动量或劳动价值的人类运动，即人类（组织和个人）创造物质财富和精神财富的活动。

（二）劳动的实质

劳动的实质是通过人的有意识的、有一定目的的自身活动来调整和控制自然界、人文领域，使之发生物质和精神变化，即改变自然物质和人文物质的形态或性质，为人类的生活和自己的需要服务。

人类的劳动既有能动性，又有受动性，即既有一定的目的性，又有一定的被动性或被迫性。

（三）劳动与运动

从某个层面说，劳动是人类运动的一种特殊形式。在商品生产体系中，劳动是劳动力的支出和使用。

但劳动与运动有一定的差别，主要体现在以下几个方面。

（1）劳动的动作多是局部的，运动多是全身的。

（2）劳动的目的在于创造价值或获取报酬；运动的目的在于调节身心和锻炼身体，属于塑造、发展和享受过程，偏向于精神层面。

（3）劳动多数时候有一定的压力；运动多数是放松、愉悦、释放压力，但竞技运动会有一定的压力。

（4）劳动多单一或重复，无法刻意注意节律和美感；运动多体现生命的美与律动。

劳动不能代替运动，运动也不可替代劳动，但二者有时可相互结合，如开展劳动运动会。

三、劳动的分类

人类劳动产生时，往往多是简单的体力劳动，如古代的狩猎、捕鱼、砍伐。随着生产力的发展，人类的劳动发生了变化，脑力劳动渐渐增多。对于劳动，传统的分类方法有以下两种。

（一）根据体力和脑力在劳动中的占比分类

根据体力和脑力在劳动中的占比，可将劳动分为体力劳动和脑力劳动。

1. 体力劳动

体力劳动是指以人体肌肉和骨骼的劳动为主，消耗体力多，以大脑和其他生理系统的劳动为辅的人类劳动，如以生活资料和生产资料生产为主的农民、操作工人等的劳动多属于体力劳动。

2. 脑力劳动

脑力劳动是指以大脑神经系统的劳动为主，消耗脑力多，以其他生理系统的劳动为辅的人类劳动，其特征在于劳动者在生产中运用的是智力、科学文化知识和生产技能，如创造知识的科学研究、传授知识的教育和实现知识的技术技能应用实践等。

另外，还有生理力劳动的说法。生理力劳动是指除了体力劳动和脑力劳动以外的其他形式的劳动，是一切生物都具有的劳动形式。具体包括：植物的光合作用、蒸腾作用、呼吸作用等；动物的消化、呼吸、血液循环等；人类特有的以特长、身体优势等生理手段进行的劳动，如歌手、模特、军人等的工作。

（二）按照复杂程度分类

按照复杂程度，可将劳动分为简单劳动和复杂劳动。

1. 简单劳动

简单劳动是指在一定的社会条件下不需要经过专门训练，每个普通劳动者都能从事的劳动，如家庭卫生打扫等简单的体力劳动。

2. 复杂劳动

复杂劳动是指需要经过专门学习和训练，具有一定技术专长的劳动。例如，精密仪器设备操作等职业劳动、专业劳动、跨职业劳动、跨专业劳动都是复杂劳动。

时代不同，经济社会需要的劳动也不同。在古代，生产力水平低下，劳动较为简单，从事体力劳动的人较多；在现代，科技发达，工艺复杂，用料先进，技术壁垒常见，这些更需要我们多进行技术性劳动、智力性劳动、创业性劳动、创造性劳动、团队协作劳动，也更需要艰苦奋斗精神、劳模精神和工匠精神。

四、劳动的作用

劳动是人类社会生存和发展的基础，是人维持自我生存和自我发展的唯一手段。

（一）劳动创造了人类及人类社会

在由猿到人的转变过程中，劳动让原始人的双手更灵活，终于能够把石块打制成石器；在劳动中，简单的呼叫不能满足原始人互相交流的需要，于是语言产生了；在残酷的生存斗争中，原始人逐渐认识到只有通过劳动才可以获取食物。

随着人口数量的增多，社会各方面的需求越来越大，于是人们就要学会合理分工，以及学会物质交换，进而发展到使用货币。

也就是说，在一定意义上是劳动创造了人本身。

人类社会也是通过生产劳动产生的。生产劳动为人类的生存和发展提供了物质基础，为人类从事其他活动创造了物质条件。

在人类发展史上，是劳动推动了个人生活和人类社会的发展。

在人类社会的早期，人类通过劳动从大自然获取食物，满足自身的生存需要。随着生产力的不断提高，当人类的劳动足以满足自身的生存需要时，人类就开始追求更高层次的需要了。这个时候，劳动就开始帮助人类积累生产资料和社会财富。随着生产资料和社会财富不断积累，人类劳动的能力和技巧也不断地提高。在这个过程中，人类社会也发生着变化——从原始社会、奴隶社会、封建社会、资本主义社会到社会主义社会，最终人类还要过渡到共产主义社会，当然这是一个漫长的过程。

人的一切观念活动——无论是以个体意识（结果或活动）形式呈现的观念、思想、意识、想象、思维、精神活动，还是以社会意识形式呈现的政治、法律、道德、宗教、哲学等，都是在劳动的基础上产生和形成的。

人民群众用劳动创造了人类历史。马克思认为，物质生产是“一切历史的基本条件”，有了人类的劳动，才有满足人类生存必需的前提，才产生了生活和历史。人民群众不仅是物质财富和精神财富的创造者，而且是变革社会制度、推动历史发展的决定性力量。从唯物史观和劳动哲学层面，习近平总书记深刻阐释了人民的主体地位，科学阐明了人民劳动创造历史的重要意义，指出“劳动是推动人类社会进步的根本力量”，“人民是历史的创造者，人民是真正的英雄”。这些观点全面把握了人民、劳动与历史发展、时代进步的内在逻辑，与马克思主义既一脉相承又与时俱进。

勤劳勇敢智慧的中国人民创造了灿烂的中华文明。在五千年历史长河中，中国人民创造了辉煌历史，铸就了灿烂的中华文明。习近平总书记指出：“波澜壮阔的中华民族发展史是中国人民书写的！博大精深的中华文明是中国人民创造的！历久弥新的中华民族精神是中国人民培育的！”这一重要论述充分肯定并高度赞扬了中国人民在中华文明创造中的主体地位，也以中国历史发展实践生动阐释、充分彰显了中国人民创造中华文明的重要价值。在漫长的发展实践中沉淀形成的中华优秀传统文化和中国人民特质禀赋，已经成为植根于中国人内心的民族基因，并深刻影响着中国的发展进步。

个人是社会的微观体现。劳动使个人能力全面发展，劳动使人获得生活的真谛，劳动使人提升了思想境界，继而促进了社会的发展。

（二）劳动实现了人的自身价值

劳动是一项实践活动，它是生命和生活的存在与发展的基础，是理念的获得与实现的途径，是创造人生价值的必由之路，是实现人的解放的必要条件，是精神与物质的获得、生活幸福安康、人生圆满升华的根本之路，是人的进步与完善的不二之法，是人类团结、友爱、互助、和谐、进步的原动力。

人在劳动中发挥自己的价值，创造超越自身的价值，使自己的潜能、价值迸发出来，因而人能获得自我和他人的肯定，获得尊严和物质上的满足，获得精神的愉悦、解放和自由，获得优越感，使人的情与智都获得提升与进步，从而实现自我的圆满。

人在劳动中，可以切切实实地感受到生活的艰辛、财富的来之不易，从而培养同情心、平等心，感受生命、生活的苦与乐。

综上所述，人类的劳动对于人自身的修炼、学习的进步、工作的成功、家庭的幸福，对于人与人之间的交流与合作的实现，公共环境与生活的美好与进步，社会的和谐、繁荣与进步，对于国家的昌盛、世界的发展进步、人类福祉的实现，都有决定性的意义。

五、五一国际劳动节和我国的劳动者奖励

（一）五一国际劳动节

18 世纪末，欧洲和美国等许多地区和国家逐步由资本主义发展到帝国主义阶段。为了刺激经济的高速发展，榨取更多的剩余价值，以维护这个高速运转的资本主义机器，资本家不断采取增加劳动时间和劳动强度的办法来残酷地剥削工人。

后来，欧、美国家的工人们相继举行罢工，以减少劳动时间和减小劳动强度，虽有法律制度，但唯利是图的资本家根本不予理睬，法律制度只不过是一纸空文。

1866 年，第一国际日内瓦会议提出八小时工作制的口号。1886 年 5 月 1 日，以美国芝加哥为中心，在美国举行了约 35 万人参加的大规模罢工和游行，要求实现八小时工作制。经过流血的斗争，终于获得八小时工作制的权利。1889 年 7 月，在巴黎召开的第二国际成立大会上，决定以象征工人阶级团结、斗争、胜利的 5 月 1 日为国际劳动节。1890 年 5 月 1 日，欧、美各国许多工业城市的工人举行了规模巨大的示威运动。从此各国工人每年在这个节日都举行纪念活动。

中国工人阶级第一次大规模纪念“五一国际劳动节”是 1920 年，当时在北京、上海、广州、九江、唐山等地都举行了群众性的集会和示威游行。

新中国成立后，中央人民政府政务院于 1949 年 12 月规定 5 月 1 日为劳动节。1989 年后，国务院基本上每 5 年都在“五一”前表彰一次全国劳动模范和先进工作者，每次表彰 3000 人左右。

1999 年 9 月，我国国务院改革出台新的法定休假制度，将每年的国庆节、春节和五一劳动节定为法定假日。

（二）我国的劳动者奖励

我国对在社会主义建设事业中成绩卓著的劳动者进行奖励，主要有以下几项。

（1）评选“劳动模范”、“全国先进生产者”（授予企业单位职工，党中央、国务院表彰）、“全国先进工作者”（授予机关和事业单位职工，党中央、国务院表彰）称号。

（2）“五一劳动奖章”和“五一劳动奖状”，这是全国总工会为奖励在社会主义各项建设事业中做出突出贡献的职工和职工集体而颁发的荣誉奖章。部分省区市也有不同名称的“五一劳动奖章”和“五一劳动奖状”。

（3）劳动竞赛奖励，即对在劳动竞赛中获得优异成绩的个人和集体进行表彰奖励。

（4）职工技能竞赛奖励。各地职工技能竞赛的具体奖励不同。全国职工职业技能大赛是国家一类技能比赛中规模最大的比赛。例如，第八届全国职工职业技能大赛设个人奖、团体奖和组织奖。对各工种决赛的优胜选手，按照有关规定晋升职业技能等级。对获得各工种前 3 名并符合推荐条件的选手，在次年五一前夕集中表彰时按程序申报“全国五一劳动奖章”。对单项和团体总分前三名的代表队，颁发本届大赛名次奖牌（杯）；

第 4 至第 10 名的代表队，颁发本届大赛优胜奖牌。根据各省、自治区、直辖市预赛（选拔赛）、网上练兵和线上技能比武的广泛性，综合决赛组队和团体成绩等，评选最佳组织奖和优秀组织奖，颁发奖牌。

活动 1　了解《大中小学劳动教育指导纲要（试行）》

《大中小学劳动教育指导纲要（试行）》对中职生形成正确劳动观念、发展劳动技能、奠定职业发展基础具有重要意义。它不仅能够促进中职生的劳动素养，同时也是中职生技能提升与职业素养培育的指南针，更是连接理论知识与实践操作的桥梁。通过深入理解《大中小学劳动教育指导纲要（试行）》精神，中职生能够明确劳动教育的核心要义，即强化劳动观念、弘扬劳动精神、提升劳动能力，从而在职业道路上更加坚定地前行。《大中小学劳动教育指导纲要（试行）》的实施，有助于中职生树立正确的职业观，增强社会责任感，为成为新时代的高素质技能人才奠定坚实基础，其所倡导的“手脑并用、知行合一”的教育理念，也将激发中职生的创新创造活力，为未来的职业发展注入不竭动力。

活动目标

1. 能够初步了解劳动的概念、意义以及学校开设劳动教育课程的必要性。

2. 能通过自主阅读，了解《大中小学劳动教育指导纲要（试行）》的主要内容。

3. 能够根据给出的问题框架，写出《大中小学劳动教育指导纲要（试行）》对中职生完成劳动教育课程提出的要求。

4. 能说出一些劳动模范的事迹，并就此发表自己的看法。

活动过程

1. 阅读《大中小学劳动教育指导纲要（试行）》，说说你对劳动的认识和理解，如什么是劳动、劳动的意义、掌握劳动技能的方法、学校开设劳动教育课的必要性。

2. 读一读《大中小学劳动教育指导纲要（试行）》，了解其主要有哪几大部分。

3. 根据下面给出的问题框架，了解《大中小学劳动教育指导纲要（试行）》的主要内容。

（1）什么是劳动？

（2）什么是劳动教育？

（3）新时代为什么要开展劳动教育？

（4）新时代劳动教育具有鲜明的思想性、突出的社会性、显著的实践性。你对劳动教育的性质是怎样理解的？

（5）新时代劳动教育基本理念有哪些？

（6）新时代劳动教育的总体目标是什么？

（7）劳动教育的主要内容是什么？

（8）职业院校劳动教育的要求有哪些？

（9）劳动教育的途径有哪些？

（10）职业院校劳动教育专题教育必修课不少于多少学时？主要围绕哪些方面设计？

（11）职业院校应如何安排每周课外活动和家庭生活中的劳动时间？

（12）根据要求，职业院校课外劳动要兼顾校内外，可在学年内或寒暑假安排，以集体劳动为主，由学校组织实施。对于落实此要求，你有什么好的建议？

（13）如何在校园文化建设中强化劳动文化？对此你有哪些创意和想法？

（14）如何进行劳动教育评价？

（15）学校劳动教育要处理好理论学习和实践锻炼的关系、劳动教育与其他教育活动的关系、劳动的传统形态与新形态的关系，谈谈你对此的理解。

（16）劳动安全风险防范要做好哪些方面的工作？

4. 讲一讲劳动模范的事迹，与老师、同学谈谈自己的想法，并记录下来。

5. 收集分享 5 个关于劳动的名言警句或哲理故事。

6. 画一画学习《大中小学劳动教育指导纲要（试行）》后的思维导图。

7. 课后与家长、朋友聊一聊《大中小学劳动教育指导纲要（试行）》的主要内容，调研他们对此的看法，结合你的学习理解，写一份 1000 字的分析报告。

活动 2 讨论劳动的价值

以分组的形式，从多方面入手，通过研习人物事迹、观察身边事、亲身体验劳动过程等方式，全面而深刻地认识劳动的价值。这不仅有助于树立自身正确的劳动观念，还能够激发自我热爱劳动、尊重劳动、积极投身劳动实践的热情和动力。

活动目标

1. 能根据教师提供的图片和任务图志图片，说出劳动的价值。
2. 能通过网络搜索，更多了解劳动的价值。
3. 能通过查阅资料了解中国改革开放以来在不同方面所取得的成就，并找到自认为最有时代感的名言。

活动过程

1. 任选一篇你熟悉的反映农民劳动的文章（诗、词、散文、小说、名言、案例等），说一说主人公的劳动情况。如果你会绘画，画个简图展示主人公的状态。

2. 说一说你近一个月来劳动的次数和内容。对此你有什么劳动感想？

3. 读一读大国工匠李万君的事迹，与老师、同学谈谈自己的想法并记录下来。

4. 用 10 个词或句子描述改革开放以来有关深圳发展的故事。

5. 观察自己家乡或学校附近的道路、植被、环境卫生、超市等，与亲朋好友聊一聊近 5 年的变化。

6. 学习“铁人”王进喜的故事，用图文描述核心点。

活动 3 分析劳动与创新发展的关系

结合自身在衣、食、住、行方面的日常生活经验，分组进行深入讨论，探索劳动在这些领域中的实际作用，以及劳动如何驱动这些领域的发展与进步。通过分享个人见解、分析具体案例、探讨行业趋势，加深对劳动价值和创新重要性的认识。

活动目标

1. 能结合实例说明劳动和创新的关系。
2. 能结合信息时代背景，举例说明劳动形态的变化趋势。
3. 能通过查阅资料，了解我国在劳动创新发展方面取得的成就。
4. 能说出我国改革开放以来体现劳动创新发展的成就。

活动过程

1. 观察图 1-1 和图 1-2 反映的书写、印刷技术的变迁，谈谈创新劳动给生产生活带来的变化及创新劳动的意义。

图 1-1　迄今中国发现的年代最早的成熟文字系统及汉字源头——甲骨文

图 1-2　毕昇发明的被全世界公认最早的活字印刷术

2. 从衣、食、住、行等方面入手，结合你对身边事物的观察，说说劳动创新发展的实例。

3. 手机已成为很多人的必备工具，短视频、各种社群越来越多地出现在人们的日常生活中。结合信息时代背景，举例说说信息时代人们生活、工作场景的变化情况，并预测劳动形态的变化趋势。

4. 查阅资料，分组汇报你找到的我国在劳动创新发展方面取得的成就。

5. 收集中国改革开放以来能够体现劳动创新发展的成就，如高铁、汽车、桥梁，并说说它们对自己的启示。

6. 用 3 个成语或 1 幅图描述劳动创新发展带来的改变。

活动 4　弘扬劳动精神

在深入学习模范事迹、领略大国工匠的卓越风采，以及观察并感悟身边人、身边事的平凡伟大中，深刻领会并广泛弘扬劳动精神的真谛。这不仅仅是对辛勤耕耘者的崇高致敬，更是激励全社会崇尚劳动、尊重劳动、热爱劳动、投身劳动的时代呼唤。

活动目标

1. 能自选阅读材料，说出劳动精神的内涵。
2. 能结合实例，说出对弘扬劳动精神的认识。
3. 能搜索劳动模范、大国工匠事迹，阐述其对自己学习、生活、工作的启示。

活动过程

1. 结合对任务知识的学习，进一步搜索资料，说说你对劳动精神的理解。

2. 结合你了解的实例，说说你对弘扬劳动精神的认识。

3. 搜索劳动模范事迹、大国工匠事迹，谈谈其对你学习、生活、工作的启示。

4. 摘抄 10 条劳动模范或大国工匠相关语录，或分享他们的座右铭。

5. 调查了解你所在学校、社区或城市的劳动模范、先进代表，了解他们的事迹，交流思想，写一写你的心得体会。

6. 分组完成弘扬劳动精神宣传画报。

活动 5　任务评价

活动目标

1. 能对照任务目标完成自我评价。
2. 能根据分组或独立学习情况，选派代表进行任务完成情况的说明与总结。
3. 能根据任务完成情况，正确、全面地进行任务总结。
4. 能对学习与工作进行总结反思，能与他人进行有效的沟通和良好的合作。

活动过程

1. 自我总结：简述个人在小组中的任务，小组代表展示任务完成情况。

2. 自我提升：根据任务完成情况，分析学习过程中的不足之处及其原因，并思考如何改进，填入表 1-1 中。

表 1-1　自我提升分析

活动	工作内容	不足之处	原因分析	改进意见
1				
2				
3				
4				

3. 按要求完成任务评价表（表 1-2）。

表 1-2　任务评价表

<table>
<tr><td>任务名称</td><td colspan="4"></td></tr>
<tr><td>定量评价</td><td colspan="2">个人自评（10%）/ 分</td><td>小组评价（30%）/ 分</td><td>指导教师评价（60%）/ 分</td></tr>
<tr><td>活动综合评价（80 分）</td><td colspan="2"></td><td></td><td></td></tr>
<tr><td>劳动安全文明（20 分）</td><td colspan="2"></td><td></td><td></td></tr>
<tr><td>小计</td><td colspan="2"></td><td></td><td></td></tr>
<tr><td>最终结果</td><td>定量（分）</td><td></td><td>定性（星级）</td><td></td></tr>
<tr><td>个人小结（看了什么、说了什么、学了什么、做了什么、体验了什么、收获了什么、创造了什么、创新了什么）</td><td colspan="4"></td></tr>
</table>

第二篇

养成劳动好习惯

手脑双全，是创造教育的目的。

中国教育之通病是教用脑的人不用手，不教用手的人用脑，所以一无所能。中国教育革命的对策是手脑联盟，结果是手与脑的力量都可以大到不可思议。

在劳力上劳心，是一切发明之母。事事在劳力上劳心，便可得事物之真理。

滴自己的汗，吃自己的饭，自己的事自己干，靠人，靠天，靠祖上，不算是好汉。

——陶行知

任务2 积极参加学校劳动实践

任务目标

1. 熟悉校园劳动的主要内容。
2. 主动承担值日值周劳动。
3. 增强集体荣誉感和主人翁意识。
4. 能整理宿舍物品，保持良好的卫生习惯。
5. 能主动高标准整理实训场地。
6. 能积极参与勤工俭学活动。
7. 通过学校劳动实践养成良好的劳动习惯。

任务描述

校园是师生学习、生活的主要场所，良好的环境不仅能促进人的身体健康，而且能陶冶情操、净化心灵，给人愉悦的感受。当好班级值日生，做好校园劳动教育实践周工作，爱护实训场所环境，积极在勤工俭学岗位锻炼，体现了我们作为学校主人的责任意识和主人翁意识。让我们积极行动起来，扮靓教室、清洁校园、整理宿舍，在窗明几净、空气清新的环境中健康学习、快乐成长。

任务图志

打扫教室卫生

爱护校园环境

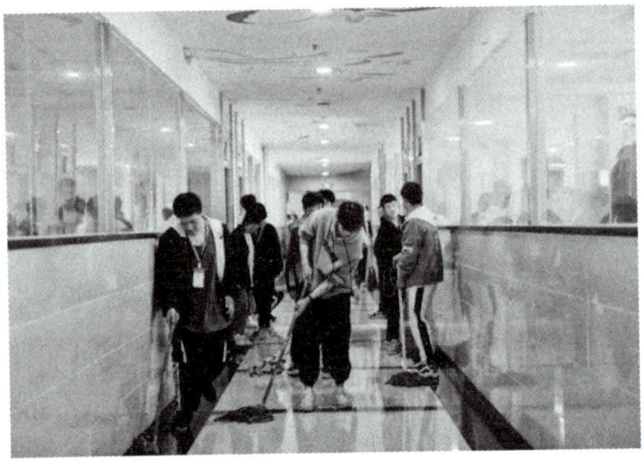

打扫实训场地

清理运动场地

任务知识

一、中职生在校期间应该做好的事情

对于中职生来说，在校期间除了完成学业以外，还要积极参加劳动实践，提升综合素质。具体来说，中职生在校期间应该做好的事情包括以下几个方面。

（1）认识职业教育，转变角色。

（2）理解职业文化，打牢基础。

（3）专注职业技能，掌握本领。

（4）培养职业素养，强化责任。

（5）争当学生干部，积累经验。

（6）重视第二课堂，增长才艺。

（7）参加义工行动，关爱社会。

（8）参与阳光体育，强身健体。

（9）练习文明礼仪，讲究形象。

（10）学会做人处世，增强信心。

二、制订学习计划

中职生在校期间一方面要努力学习，另一方面要积极参加社会实践活动。这就需要中职生做好计划，平衡好学习和参加社会实践活动的时间，因此，制订学习计划是校园生活的一项重要内容。

下面是制订学习计划需要注意的几个方面。

1. 明确目的

制订学习计划的目的是确定学习目标，合理安排学习时间，提高学习效率。

2. 结合实际

一是学习目标不能过高或过低，要根据学校教学进度，以通过自己努力可以达到为宜；二是学习时间不能过于苛刻，计划里除了有学习的时间外，还要有进行其他必要活动的时间、保证睡眠的时间、文体活动的时间，否则就会因计划无法实行或不得不经常改动而失去计划的意义；三是学习结果不能完全预估，要有合理的期待，学习是长期坚持的慢工程，效果不一定立竿见影，只要努力了就会得到回报。

3. 长期、短期目标结合

目标可以分为长期目标和短期目标，长期目标是努力的方向，短期目标是为实现长期目标现阶段要做好的事情。制订计划要长期、短期目标结合。

4. 抓住重点

不同时间段的主要任务有所不同，要在时间安排上各有侧重。例如，平时学习要分清主次，分配给不同科目不同的学习时间，适当取舍；准备技能大赛期间要安排好训练与学习的平衡等。

5. 劳逸结合

在制订计划时，要注重不同类型学习的特点，不要长时间地从事单一活动。脑力劳动与体力劳动交替进行，相近学科有所间隔，学习与锻炼时间合理分配。

6. 充分利用时间

不同类型的学习对时间的要求是不同的。在时间宝贵的情况下，要自觉提高时间的利用效率。有些学习、训练需要时间集中完成，有些需要背诵、记忆的知识可以利用碎片化时间完成，有的学习可以与其他活动同时进行，等等。另外，一天中不同的时间段、不同心境下的学习效率是不同的，可根据自己的偏好合理安排。

7. 及时调整

计划是指南针，做计划是为了让自己更好地按照计划执行，但是做计划的同时也要留有余地，防止中途计划被打乱。计划不是地图，不是一条路走到底，要定期检查计划完成情况，查看是否需要调整等。

三、正确处理同学关系

进入新的学习阶段，会有新的同窗好友。职业学校学生由于要实习实训，上课方式也比较灵活，不再是中小学那种固定的教室，可能这一节课在教室，下一节课要到机房，再下一节课要到实验室。除了看清楚课程表外，多和同学搭伴也可避免因不熟悉环境而耽误上课，还能增进同学间的友谊。职业学校阶段学生身心渐渐成熟，教师的职责从中小学的“监护”转为职业学校阶段的“管理”及“指导”，学生干部发挥作用的地方越来越多，学生自治精神和自治作用开始体现，这时候同学之间相互帮助就越来越重要。每个学生都要以成长的心态面对新环境的变化，找准自己的定位，努力成为新集体中合格的一员，这也是将来走向社会重要的核心能力之一。

处理好与同学之间的关系主要应把握以下几点。

1. 珍惜同学情谊

来自不同地区、不同成长背景的年轻人，怀着对未来的憧憬开启新阶段的学习生活，彼此都要珍惜难得的缘分，珍惜在一起相处的时光，珍惜在一起学习成长的机会。要懂得欣赏别人，善待他人，关爱同学，怀着理解、关爱、学习的心态看待同学情谊。

2. 适当做出自我调整

在家里，大多数孩子是家庭的中心，尤其是在独生子女家庭，因而可能形成了以自我为中心，不大顾及他人的感受，不太会关心帮助他人，照顾不好自己的生活方式，甚至会有“衣来伸手、饭来张口”的生活状态。忽然离家到了新的环境，生活中可能会出现丢三落四、被忽视、不知如何解决矛盾等问题。要正确认识这些现象，努力调整自己，学会自立自强、换位思考、助人为乐。

3. 了解“礼尚往来”

人们往往会在看到对自己好的人时产生喜悦的心理。要想受同学欢迎，就要善待同学，展现自己乐于交往、希望相处融洽的诚意。一个人对别人怎么样，很大程度上会受到别人同样的对待，就像镜子映出的影像，你的笑容会换来镜中人的欢颜，你的愤怒则会激起镜中人的愤怒。多关心帮助他人，也一定会受到他人的欢迎和善待，收获良好的人际关系。

4. 加强沟通交流

人与人之间的误会往往是了解不多、沟通太少造成的。多在一起参加活动，能促进关系融洽；多互相帮助、互相关心，能增进情谊；多了解事情背后的原因，多听听别人的讲述，能够更加理解别人，更容易消除误会。

5. 尊重他人的个人空间

要尊重他人的私人空间和暂时状态，体谅、共情、理解，在一段较长的关系中去认识人和发展良好的关系。

四、维护班级卫生

清洁的教室是我们共同的家。值日活动，是学校日常劳动的重要组成部分，是最常见的校园劳动形式。值日生负责校园、教室等区域的整理、保洁工作，班级绿植养护工作，班级宣传栏内容更新工作，教室文化日志的更新工作，因此要熟知值日要求和内容，掌握基本劳动技能，让校园变得整洁、舒适、美丽。维护班级卫生的主要工作包括以下方面。

1. 按照任务内容进行人员分工

值日任务一般包括：打扫教室卫生，拖地板，整理教室内杂物；依据教室规定布局将桌椅摆放整齐，将桌面擦拭干净；桌面物品摆放有序，整理讲桌杂物，将讲桌和黑板擦拭干净；将门窗、书架、宣传栏等擦拭干净，清理垃圾箱，将劳动工具放回原位；做好校园卫生责任区保洁工作，做好绿植养护，更新文化宣传栏或做好板报设计。

根据学校实际情况，由班主任老师安排生活委员（或劳动委员）进行值日分组，确定组长和轮流顺序。值日组长可以按照任务内容和小组人数，将值日任务分配到个人，制作一张值日分工表（表2-1），并在有事假、病假的情况下及时做好调整。也可以由班级劳动委员或生活委员协助班长制作整个班级的值日表，各组在组长带领下做好日常值日工作，班干部进行检查督促。

表2-1　值日分工表

值日任务	责任人	检查人
打扫教室卫生		
拖地		
摆桌椅、物品		
擦桌椅、讲台、窗台等		
养护绿植		
更新宣传栏		
清理垃圾箱，整理劳动工具		
打水		
摆放自行车		
走廊卫生		
班级其他责任区域		

2. 按照任务安排完成值日任务

每个组员认真了解值日任务，知道自己负责的工作与整体工作的关系，做好根据动态安排调整工作内容的心理准备。要检查劳动工具，如扫帚、拖把、灰斗、抹布等是否完备。在劳动过程中要尽职尽责，同时做好个人防护，认真完成值日任务。

3. 劳动活动延伸

在值日过程中会产生很多体验和感受，可以记记日记。提倡将教室值日劳动习惯带回宿舍、家中。和舍友共同安排好宿舍值日，制作不同场合的值日表。周末回家帮家长做家务，整理房间，认真摆放用品，收纳好自己的衣物，把被褥叠放整齐，把物品摆放有序，以及擦拭桌面、门窗、各个角落，扫地、拖地、倒垃圾等。

五、职业学校主要学习课程

职业学校主要学习课程包括公共基础课、专业理论课和专业实践课三种类型。公共基础课包括数学、语文、英语、德育、心理健康、体育以及音乐、美术、历史等，各专业学生都要学习，主要形式是课堂教学，主要目标是让学生学习文化基础知识，具备基本的人文素养，培养良好的德育品质、健康的身心和和谐的人际关系。专业理论课和专业实践课因各校人才培养模式及专业选择的不同而有较大的差异。其中，专业理论课是为了学习专业基础理论和基本原理而进行的必要的知识储备和原理剖析，上课形式以课堂教学为主，以讲授和演示为主要教学手段；专业实践课是发展技能、形成专业能力的主要途径，学生要通过参观形成感性认识，通过实际训练发展技能，通过实习逐渐向职场人角色转换。

六、中职阶段主要任务

职业学校学习阶段是进入职场前的有针对性培养时期，基本任务包括以下几个方面。

1. 基础知识的掌握

犹如建筑房屋要先打地基一样，盖楼房，如果地基不牢固，就会有倒塌的危险。职业学校阶段的基础知识，就学生的智力水平来说，只要努力，是能够掌握的。

2. 基本技能的训练

复杂的工作能力由基本技能组成。我们不可能具备将来所需的所有技能，但可以先学习完成典型的工作任务，这样在遇到类似的情境时就能够触类旁通地处理，这就是成功的学习。

3. 综合能力的提升

胜任工作的能力不是简单的技能叠加，还包括内隐的基本素质。重视综合职业能力，是职业学校教育区别于基础教育、职业培训的重要特色。综合职业能力的关键在于“综合”，除专业学习外，还要重视职业道德、科学文化底蕴、人文素养、身心健康等诸多方面。

4. 职业目标的明确

职业学校教育是就业或就业准备教育，明确的职业目标是其区别于基础教育的特色。要在学校逐步明晰自己的职业目标与职业理想，并积极为实现理想创造条件，完善自我。

5. 职业资格的获取

职业资格是对从事某一职业所必备的学识、技术和能力的基本要求，包括从业资格和执业资格，目前主要通过获取职业资格证书的方式取得职业资格。职业学校学生要通过教师的指导在学校取得相应的职业资格证书。

6. 自我管理的养成

职业学校学生走出校门就要独自面对工作的压力、生活能力的挑战、人际关系的处理、生活节奏的重大变化，成为担当社会责任的青年，要完成自主自强的自我管理是个不小的挑战。

7. 职场文化的预热

从学生到工人是重要的角色转换。从心理上积极地适应，从行动方面积极地了解与调整，多了解行业企业的规章制度、岗位要求，对职场情境进行思考与交流，可以为进入职场做好铺垫。

8. 学历资历的完成

职业学校的学生仍是国家统招，学生完成学业后要取得毕业证书。

七、顺利度过职业学校生活的建议

（1）制定作息时间表，让生活有条理、有规律。
（2）研究如何做好预习、复习、消化所学知识。
（3）考虑课余时间安排哪些内容以及优先顺序。
（4）思考生活中遇到的难题可以通过哪些途径解决。
（5）思考学习任务要通过什么样的方式来完成。

八、中职生的住宿生活

中职生的宿舍一般安排上下铺。进入宿舍先找到自己的床铺，如果没有特殊标识或说明，一般自由选择床铺，先到先选。上铺一般相对干净，不易被打扰；下铺随身就能坐下，比较方便，但要时时为上铺同学提供“借路”机会，需要理解和体谅。靠近窗户可以方便观察窗外，但开关窗户稍有影响；靠近门口进出方便，但开关门进出有风；

住上铺需要敏捷的身手，住下铺需要宽容的心胸。总之，每个床铺所在的位置各有优劣，应根据自己的实际情况选择。如果体重相对较大，或者睡觉经常翻身，就尽量选择下铺。同学之间相互协商，互相关心帮助，相信一定都能找到自己理想的铺位。

中学阶段，经常有父母帮助整理床铺。来到职业学校住宿舍，要自己铺床单、套被罩、整理个人物品，所以新生最好先在父母的旁观下，自己来完成这些工作，有做得不到位的地方，再让父母指点，尽快独立自主完成。

新生入学时，有些生活用品（如暖瓶等）由学校统一发放，这就需要贴个标签，在标签上写上自己的姓名，避免拿错。个人的衣服按学校要求放入箱子里，随时收好自己的物品，以免混淆，可以锁的柜子要准备好锁具。有些人可能不严格区分个人物品，偶尔借用或混用暖瓶等，此时要征求对方同意并爱护他人物品。毛巾等最好不要混用，以利于个人卫生防护。在爱护个人物品的同时，要适当留意看管好整个宿舍的物品，宿舍无人时要锁门，陌生人来访时要多加注意。

课余时间可以和舍友聊一聊分别来自哪所中学，入学前对学校有什么样的向往，个人有哪些爱好，对自己的职业学校生活有哪些规划等。通常情况下，宿舍交往会经历初识、相熟、平稳三个不同阶段。舍友之间早早相互了解，有助于更好地适应宿舍集体生活。

初识阶段。刚刚结识，行为略显拘谨，每个人都会收敛个性，相对友善和保守，彼此之间还有些陌生。这时候需要多聊天，多交流，互相熟悉名字和个性特征。

相熟阶段。渐渐地，宿舍成员朝夕相处，一起吃饭，一起上课，一起进行体育活动等，彼此之间越来越熟悉和自在。与此同时，个性与优缺点也逐渐显露，开始分化为不同的小团体，三三两两自然分伙，不同个性的同学之间偶有小摩擦。这时候需要做好调整、适应、磨合，这是人成长过程中必经的阶段。如果此时能够互相理解和尊重，宽容平和地对待出现的矛盾，通过沟通和谦让化解矛盾，找到与不同个性同学相处的方式，就向成熟迈进了关键的一步。在未来社会生活中，我们还要和形形色色的人打交道，宿舍生活就是我们迈向社会之前的“练兵”。

平稳阶段。经历了各种磨合，宿舍成员已经彼此熟悉，也能够互相尊重和谦让。到快毕业时，相互之间还会恋恋不舍。

九、打扫宿舍卫生

干净、整洁、文明、有序的环境能让人心情舒畅，精神焕发。坐在宽敞明亮的教室里，井然有序的课桌椅和窗明几净的环境能给我们的学习创造舒适的氛围。校园是师生共同努力营造的学习和生活环境，需要每位师生以主人翁的身份清扫、爱护、维持。同宿舍伙伴多，需要随时注意卫生情况，共同创造整洁温馨的宿舍环境；如果有影响环境卫生的情况出现，要及时解决，保持环境卫生。日常卫生可以通过排值日表的方式轮流打扫，遇有请假或生病的同学要做出调换。宿舍里面的窗户玻璃可以在保证安全的情况下擦干净。打扫公共区域卫生时，注意保护个人物品，同时提示相应舍友。

遇到个别同学不会整理物品时，要多加帮助，沟通解决，多体谅理解，避免因为小矛盾引发更大的冲突。

十、适应宿舍集体生活

在家里，个人空间相对独立，个人隐私可以得到很好的保护，个人习惯可以不受约束。在学校和宿舍就不能以自我为中心，个人喜好、作息时间要以不干扰他人为宜。要遵守学校作息纪律要求，相互多尊重、多理解。

十一、遵守学生宿舍管理制度

为规范管理，保障学生在校期间正常的学习、生活和休息，各学校都有自己的宿舍管理制度，并安排老师或学生检查，要了解并遵守本校的宿舍管理制度。下面是××学校学生宿舍管理制度，可供参考。

××学校学生宿舍管理制度

学生宿舍是学生在校期间学习、生活、休息和活动的重要场所，为了保持宿舍安全、整洁、舒适的育人环境，培养社会所需的合格人才，必须有严格的纪律和统一的管理。为了适应后勤服务社会化的需要，学生宿舍由学校后勤服务中心统一管理。为此，特制定学生宿舍管理制度。凡住宿的学生必须遵守和执行。

一、组织管理

（1）学校后勤服务中心主要负责学生宿舍的日常管理工作。学生宿舍管理的基本任务是加强宿舍全面管理，培养广大学生讲文明、懂礼貌、守纪律的良好习惯，确保宿舍安全。给学生提供一个清洁、安静、舒适、安全的学习和生活环境，使学生养成良好的生活习惯，把学生宿舍的管理建设纳入学校精神文明建设范畴。

（2）成立学生宿舍管理领导小组，设组长一人（主要责任人），副组长、组员若干，宿舍设舍长一人。主要职责是协助学校和学生宿舍执行宿舍管理规章制度，维护宿舍正常的生活秩序，协助搞好宿舍清洁卫生和治安消防工作，组织学生开展文明宿舍创建活动、评比宿舍管理优秀服务人员的活动及其他校园文化建设活动。

二、学生住宿管理

（1）学生入校后应根据学校统一安排和分配的宿舍住宿，不得随意调换转让。若有特殊情况确要调换宿舍，经学校同意后，统一安排调整。

（2）学生按规定进出宿舍，并自觉接受门卫值班人员的检查。非本宿舍人员，未经值班人员同意，不得擅自进入。

（3）男生不准进入女生宿舍，女生不准进入男生宿舍。男同志到女生宿舍会客一律在值班室接待（男教师因工作需要除外，但需办理登记手续）。

（4）携物（贵重物品）外出，须持舍长签字证明，并经值班人员检查确认无疑后方能外出。学生应当积极配合值班人员的工作，不准无理取闹。

（5）学生一律不准私自留客住宿。一般不得在学生宿舍留宿校外人员，若遇特殊情况确需留宿，应报学校保卫处批准，并在学生宿舍进行留宿登记。否则，一经查实学校将给予严肃处理。

（6）不准在宿舍内起哄、打架斗殴，停放自行车，违者将视情节和态度予以批评教育，直至行政处分。

（7）提高警惕，防火防盗。不准在宿舍内燃烧纸屑、杂物及其他易燃物品，不准使用任何违章电器，违者将进行批评教育，造成重大损失的还将交与有关部门严肃处理。

（8）爱护室内公物。宿舍内的一切设施均由该宿舍的全体学生使用、管理，不得随意搬动、损坏、丢失。应当爱护床、桌、凳、柜、锁、门窗、玻璃、灯具等公物，如有人为损坏、丢失必须按价赔偿，故意损坏的加倍赔偿。

（9）爱清洁、讲卫生，坚持每日轮流值班制度。起床后按宿舍内同一方向叠好被子，整理好床铺和其他用具，清扫垃圾，不准往厕所、盥洗间、楼道、楼下乱泼污水，乱丢鞋袜、纸屑等一切杂物。

（10）遵守宿舍作息制度，按时就寝。午休和晚上熄灯后，禁止高声喧哗、打闹、唱歌、放音乐、弹乐器、洗衣物、打电话等，不得影响他人休息。严禁晚上熄灯后在宿舍点蜡烛。

（11）寒暑假期间学生原则上离校（宿舍封闭），个别留校者的住宿必须服从统一安排，不得随意搬动。

（12）宿舍大门夜间实行关门制度。晚上熄灯后10分钟关闭宿舍大门。遇到特殊情况，应事先向值班人员说明情况。熄灯后进出宿舍者应做严格登记，宿舍管理人员定期将名单报送宿舍管理领导小组。

三、卫生管理

（1）宿舍的公共区域由学生宿舍管理人员负责打扫，宿舍内由学生负责打扫。

（2）宿舍管理人员坚持过道、楼梯、盥洗间、厕所每天打扫两次、冲洗一次的制度，并随时保持阴沟畅通，做到地面无垃圾、无堆积物，墙面无污渍。每月用除垢剂定时清洁盥洗间、厕所，保持盥洗间、厕所的清洁。

（3）学生宿舍坚持每日轮流值日清扫卫生的制度。做到室内地面干净，墙壁、屋顶无污渍，桌面整洁、东西摆放整齐。

（4）宿舍管理领导小组每周五定期检查一次，学生宿舍每月检查两次。每月评比一次，检查、评比结果纳入“文明宿舍”的评比活动中，并专栏公布。

全体学生都必须自觉遵守国家法律、法规和校规校纪，尊敬师长，尊重他人劳动，团结同学，服从管理与教育，积极支持和维护宿舍的纪律秩序、治安消防、清洁卫生。

十二、职业学校校园劳动实践的主要形式

对于中职生来说，在学习专业技能的同时，还应加强劳动习惯的培养。中等职业学校可依据《中共中央 国务院关于全面加强新时代大中小学劳动教育的意见》，针对中职生特点，结合学校实际，设计中职生校园劳动实践的形式（表2-2）。

表 2-2　校园劳动实践的形式

劳动名称	具体内容
值日	班级内分组轮流进行班级日常劳动，如扫地、拖地、擦黑板、擦桌椅、擦门窗玻璃、倒垃圾、清扫卫生、做板报等，一般由小组长负责分工及检查
值周	学校各班级轮流负责校园卫生和义务劳动。一般由专门的老师负责，在班主任和班干部协助下完成。劳动内容包括清扫校园道路、清理绿化区域垃圾、打扫操场、摆放自行车、用垃圾车把垃圾桶中的垃圾运送到指定地点、打扫阶梯教室等公共场所卫生、打水、擦窗台、拖走廊等。根据具体情况，可能还有锄草、铲雪、种树、浇水、布置会场、迎宾服务等校园临时性工作
舍务劳动	个人卫生，床铺及学习生活用品整理；宿舍，公共区域整理
大扫除	一般每周一次，全班集体行动，彻底打扫教室卫生。由班主任或生活委员（劳动委员）分配任务，所有学生参与，比平时值日更深入，还包括擦门窗玻璃、擦灯管、各种登高除灰、清理卫生死角等，有些项目学校组织专门人员检查和评比
学校义务劳动	为建设文明校园开展的义务劳动，如清扫校园卫生、打扫花园、美化橱窗、植树、迎检准备等
志愿服务或公益活动	响应号召参与志愿服务或公益活动。这类劳动实践包括环保行动、扶困助残、慰问特殊群体等，以及运动会协助裁判员老师开展工作、大型会议协助布置会场与迎宾、学生干部协助纪律管理、为图书馆等提供志愿管理服务等
勤工俭学	完成校内勤工俭学岗位任务，或是校外单位提供的相关工作，以劳动获得报酬
实习实训相关劳动	在实习车间、实训基地或真实工作岗位，从事与职业技能训练或未来工作相关的劳动，提高技能，提升能力，为今后胜任工作做准备
职业体验	针对职业岗位参加体验劳动，如到景区或展馆做讲解员、到农场耕种、开展消防体验等

校园劳动实践的内容主要包括两个方面：一是校园公共区域的卫生清洁和公共服务管理，二是教室、宿舍、实训场地、食堂等与个人密切相关的学习生活场所的卫生清扫。也有可能会有临时性的集体活动。校园中随意丢弃的饮料瓶、包装袋和废纸等会破坏优美的环境，需要安排专人进行清理。垃圾可能会堵塞下水道，可能会缠绕在植物根系周围，可能会被风吹跑，可能会被雨淋后进一步污染土地等，甚至会因此给清洁卫生的人员带来安全隐患。所以除了学校安排的校园劳动外，在校师生也应自觉对校园环境卫生进行维护，因为校园劳动都是为了给师生提供整洁舒适的环境，最终受益的是在校师生。

十三、劳动教育实践周

劳动教育实践周简称劳动周，是指在学校为落实劳动教育目标、创新劳动教育模式，经过不断地探索后形成的独具特色的劳动教育课程。劳动教育实践周是一种校园内的劳动教育活动，立足于学生在校生活情境，每周设定工作岗位，每周安排一个班级参与，以依岗分工、小组合作、专人巡查的方式分配劳动任务并设置工作责任区域。

（一）劳动教育实践周的基本流程

（1）基本劳动技能培训，如拖把的使用、垃圾袋的更换、卫生洁具的保洁、绿植施肥的注意事项、来访接待礼仪等。

（2）值周班领取劳动任务，做好值周方案和人员分工。

（3）劳动任务交接。

（4）每周参加劳动教育实践周的班级准备制服、相关工具及表格。

（5）完成劳动教育实践周任务。

（6）填写劳动实践报告，撰写劳动心得体会，做好记录和总结。

（二）设立劳动教育实践周的意义

（1）通过人人参与劳动、主动承担劳动任务，培养学生吃苦耐劳的精神以及社会实践能力。

（2）通过让学生参与学校的工作管理、观察各工作岗位的工作运转流程、体验各个岗位的工作职责，培养学生积极劳动的热情，促使学生热爱劳动并懂得珍惜他人的劳动成果。

（3）让学生通过劳动教育实践周认识劳动、体验劳动、反思劳动，进而达到学会劳动、懂得劳动、认清自我、提升自我的目的。

（4）劳动教育实践周让劳动教育真正回归劳动，在教育学生爱劳动、会劳动的基础上，引导学生晓劳动之大义、明劳动之事理，牢固树立劳动最光荣、劳动最崇高、劳动最伟大、劳动最美丽的观念。

（三）劳动教育实践周的组织形式

1. 轮岗责任制

各班级或几个班级一组轮流承担学校公共区域卫生清扫工作，每天劳动的内容相似，由值周管理教师分配岗位责任人、提出工作要求和标准、督导各部分工作开展情况、根据实际情况调整人员配置，班主任要配合值周管理教师的工作，班干部负责协助，学生依岗位职责开展劳动教育实践周活动，如有病假、事假等情况可以临时调整。

2. 主题任务分配

每周以主题任务的形式按班级轮岗参与，值周班级每天负责一项工作，具体形式可以如下。

（1）星期一——校园卫生保洁，包括清扫校园、清理公共区域垃圾箱等。

（2）星期二——宿舍出入管理，包括宿舍出入人员登记和宿舍公共区域保洁等。

（3）星期三——餐厅工作体验，包括校园内餐厅保洁、后厨工作，如摘菜、洗菜等。

（4）星期四——学生事务服务中心工作体验，包括学生请销假登记、好人好事登记、公共设施维修上报、失物登记和认领、家长及学生的其他事务登记与上报等。

（5）星期五——其他工作体验，包括接待来访学生家长、检查公共设施使用情况、巡查校园安全隐患等。

十四、校园劳动的总体目标

校园劳动以立德树人为根本任务，坚持知行合一的劳动教育观，突出职业教育特色，系统融入教书育人全过程，形成因材施教、资源整合的宽广平台。

校园劳动的总体目标是牢固树立劳动最光荣、劳动最崇高、劳动最伟大、劳动最美丽的观念，培养勤俭、奋斗、创新、奉献的劳动精神，训练工作、生活需要的劳动能力，形成良好的劳动习惯，具备技能人才必备的专业劳动素养。

校园劳动要以培养德智体美劳全面发展的社会主义事业建设者和接班人为目标，全面贯彻落实党的教育方针和全国教育大会精神，坚持立德树人，把劳动教育与人才培养全过程相融合，覆盖学校、家庭、社会等各个方面。劳动教育既要有“劳”，也要有“育”。劳动实践与提高认知、提升技能、形成素养同步进行，要与课堂教学、日常管理、养成教育、实践活动、实习实训、德育培养等有机融合。

活动 1 承担班级值日活动

中职生做好班级值日活动，看似是一项日常且简单的任务，实际上却蕴含着深远的教育意义与成长契机。它不仅能锻炼学生的责任感与担当精神，还能促进团队协作能力的提升，培养学生时间管理与自我约束的能力，更能在无形中深化劳动观念与感恩之心。这一过程是学生从被动接受到主动参与的转变，是他们从个人小我迈向集体大我的重要一步。通过值日活动，中职生可学会如何在集体中找到自己的位置，如何为集体的和谐与进步贡献自己的力量，从而实现个人价值与社会价值的双重提升。因此，班级值日活动虽小，却是中职生全面发展、健康成长道路上不可或缺的一环。

活动目标

1. 能按照班级值日工作安排开展值日活动。
2. 能正确管理及使用劳动工具，做好个人防护。
3. 体会劳动创造整洁环境的愉悦和成就感，形成良好的劳动习惯。
4. 增强劳动意识和主人翁责任感，能对值日活动改进提出合理建议。

活动过程

一、明确任务并进行分工

（一）明确值日任务

清扫教室卫生，拖地板；整理教室内的杂物；依据教室规定布局将桌椅摆放整齐，将桌面擦拭干净，桌面物品摆放有序；整理讲桌杂物，将讲桌和黑板擦拭干净；将门窗、书架、宣传栏等擦拭干净，清理垃圾箱，将劳动工具放回原位；做好校园卫生责任区保洁工作、绿植养护，更新文化宣传栏或做好板报设计。

（二）进行值日分工

根据实际情况，由班主任老师安排劳动委员或生活委员进行值日分组，确定组长和值日顺序。值日组长可以按照任务内容和小组人数，将值日任务分配到个人，制作一张值日分工表，并设计有事假、病假情况时的调整办法。也可以由班级劳动委员或生活委员协助班长制作整个班级的值日表，各组在组长的带领下做好日常值日工作，班干部负责检查督促。

二、按照安排完成值日任务

每个组员认真了解值日任务，知道自己负责的工作与整体工作的关系，做好根据实际情况随时调整工作内容的心理准备。要检查劳动工具，如扫帚、拖把、灰斗、抹布等是否完备。在劳动过程中要尽职尽责，同时做好防护，认真完成值日任务。

三、做好记录总结

根据班级管理目标和实际情况，设定值日目标，做好活动记录以及完成情况小结（表 2-3）。

表 2-3　值日记录总结表

时间	星期一	星期二	星期三	星期四	星期五
值日人员					
值日内容	室内通风、扫地、拖地、擦桌子和窗台、墙面和屋顶清洁、倒垃圾、擦窗户玻璃、整理公共区域物品、查看安全隐患、按时熄灯、检查床铺整理情况				
值日目标					
本周完成情况小结					

四、反思与提高

在值日过程中会产生很多体验和感受，可以写在个人日记里。提倡把劳动习惯应用于宿舍或家中，可以和舍友共同安排好宿舍值日，制作值日表，周末回家主动帮家长做家务，如整理房间、收纳衣物、整齐叠放被褥、有序摆放物品等。

五、活动拓展

整理好环境卫生，接下来就是努力学习知识和技能。下面请评价一下自己的学习习惯并做自我分析。下列各题，符合自己情况的打“√”，不符合的打“×”，难以决定的画“○”。

（1）在家里有固定的时间学习吗？

（2）身边经常备有字典、辞典之类的书籍吗？

（3）做过“宽带”学习的练习吗？

（4）学习结束之后，有收拾书桌的习惯吗？

（5）学习结束之后，背诵所学内容吗？

（6）做过的题经常重看吗？

（7）有面对书桌的时候就没有学习兴趣，而把时间浪费掉的情况吗？

（8）学习的时候有下意识的动作吗？

（9）在学习的时候经常沉迷于空想吗？

（10）有一边听 CD 或看电视，一边学习的时候吗？

计分方法：

第（1）～第（6）题，打“√”得 2 分，画“○”得 1 分，打“×”不得分；第（7）～第（10）题，打“√”不得分，画“○”得 1 分，打“×”得 2 分。

等级评定：3 分及以下，学习习惯非常差；4 ～ 7 分，学习习惯较差；8 ～ 12 分，学习习惯一般；13 ～ 16 分，学习习惯较好；17 分及以上，学习习惯非常好。

活动2　参加校园劳动教育实践周活动

中职生参加校园劳动教育实践周，不仅是为了提高个人的劳动技能与实践能力，更是为了深化对劳动价值的认识，培养勤劳勇敢、吃苦耐劳的优秀品质，以及强化团队合作与社会责任感。在这个过程中，中职生通过亲身参与，体验劳动的辛苦与快乐，学会尊重他人劳动成果，珍惜他人付出。劳动教育实践周成为中职生成长道路上的一堂生动实践课，能够促进中职生德智体美劳全面发展，为其将来步入社会、成为有用之才奠定坚实的基础。

活动目标

1. 认真了解劳动任务，知道自己负责的工作与整体工作的关系，做好根据动态安排调整工作内容的心理准备。

2. 认真完成劳动任务，尽职尽责。

3. 体会劳动创造整洁环境的愉悦和成就感。

4. 能在劳动教育实践周活动总结会上分享感受，并提出合理建议。

活动过程

一、任务布置

设定劳动教育实践周活动工作岗位，分配劳动任务，安排组长和巡查人员，做好劳动安全宣讲，准备劳动教育实践周相关劳动工具。表2-4为一份参考样表。

表2-4　劳动教育实践周工作分工参考样表

劳动任务	劳动地点及内容	工具	备注
校园清扫卫生	校园道路及班级负责区域外的公共区域卫生	扫帚、簸箕	
清运垃圾	校园垃圾点垃圾清运	垃圾车	
摆放自行车	车棚摆放自行车	双手	
阶梯教室卫生	打扫阶梯教室卫生	扫帚、簸箕	
学生服务	宿舍出入等级管理	登记表等	
伙食助理	食堂帮厨，组织排队	碗、盘等	食堂供给
临时性义务劳动	学生请销假登记、失物登记和招领、公共设施损坏上报等	登记簿等	

二、岗前培训与交接

（一）岗前培训项目

（1）劳动工具使用安全培训。

（2）自行车棚管理、宿舍出入登记等规章制度的培训。

（3）劳动教育实践周活动相关要求培训。

（4）劳动教育实践周中相关礼仪培训。

（二）劳动任务交接

为增强劳动教育活动的仪式感，可以设计劳动教育实践周交接仪式，进行劳动工具、服装等的交接，也可以设计一些口号。

三、完成劳动任务

根据任务布置的要求完成劳动任务。表 2-5 为校园保洁岗工作步骤。

表 2-5　校园保洁岗工作步骤

工作岗位	项目	工作步骤
清理垃圾箱	保洁目标	垃圾箱表面无污渍、灰尘，保持干净
	保洁步骤	将垃圾箱内的垃圾倒进垃圾池，用扫帚将倒垃圾时留下的垃圾清扫干净，用钢丝球蘸水将垃圾箱表面的污渍等刷洗干净，用抹布将垃圾箱的整个外表面擦拭干净
	保洁工具	扫帚、钢丝球、抹布
楼梯保洁	保洁目标	楼梯扶手，尤其是靠近楼梯角的位置无灰尘，保持干净
	保洁步骤	装一桶清水，用抹布对楼梯扶手以及扶手下的栏杆进行全面的擦拭；用洁净的湿抹布擦拭后会留下水渍，一定要用干抹布二次擦拭，直到洁净无污渍为止
	保洁工具	水桶、抹布
墙壁瓷砖保洁	保洁目标	墙壁瓷砖保持洁白，无明显污渍，不张贴乱挂物品
	保洁步骤	墙壁瓷砖有污渍可用蘸水的抹布擦拭，瓷砖与墙面交接处的灰尘用干抹布擦干
	保洁工具	水桶、抹布
地面瓷砖保洁	保洁目标	地面瓷砖及台阶表面干净无垃圾、保持光亮洁净
	保洁步骤	用拖把将楼梯的踏面和踢面擦干净，注意打扫过程中要将拖把用净水多次清洗。先用扫帚将地面清扫干净（注意边角），再用铲子清理地面的顽固污渍
	保洁工具	扫帚、簸箕、小铲子、拖把、水桶
公共设施保洁	保洁目的	消防栓、消防栓内擦拭干净，无杂物
	保洁步骤	先将消防栓内部擦拭干净，等待自然风干；再用抹布将消防栓表面的灰尘擦拭干净
	保洁工具	水桶、抹布

续表

工作岗位	项目	工作步骤
走廊保洁	保洁目的	走廊地面干净无垃圾，保持清洁
	保洁步骤	用小铲子将地面上的黏污物铲起来；先在走廊地面洒少量水，使空气无灰尘、保持湿润，再用拖把将走廊拖干净；用扫帚将地面上易清洁的垃圾打扫干净
	保洁工具	扫帚、簸箕、拖把、小铲子
门窗保洁	保洁目的	门（门框、门锁）、窗户干净无污渍，表面无灰尘
	保洁步骤	用抹布擦拭门上沿的灰尘；先将门的表面用抹布擦拭干净，保证无脚印及灰尘，再擦拭门与地板的门缝夹角处的灰尘
	保洁工具	水桶、抹布

四、自检与备检

为了检验劳动教育实践周的成果、记录学生参加劳动教育实践周的情况，班长和生活委员要组织对劳动任务落实情况进行检查（表 2-6），主要包括各劳动任务完成情况、劳动教育实践周制度落实情况、劳动工具损坏记录等，让学生养成工作认真落实、有始有终、不得过且过的职业态度，正确认识劳动教育实践周活动的意义，为未来职业生涯发展奠定基础。

表 2-6　劳动任务落实检查表

工作岗位	具体内容	工具	成员	负责人	巡查员
校园道路及公共区域保洁	清理道路及公共区域的杂物和垃圾，阶梯教室或会议室保洁	扫帚、簸箕、垃圾夹等			
卫生间保洁	卫生洁具清洁、卫生间地面保洁、墙壁保洁、更换保洁用品（如厕纸、洗手液等）	拖把、抹布、喷壶、手套、口罩等			
垃圾箱清理	清理垃圾箱、更换垃圾袋、垃圾箱面保洁	垃圾袋、抹布			
校门口值勤	校门口站岗、协助门卫进行来访登记、文明行为指引等	来访登记表、袖标等			
校园交通指挥	校门口疏导交通	交通锥			
学校食堂后厨	摘菜、洗菜等	工作服、口罩、手套等			
学校食堂保洁	清洗餐具、餐桌和地面保洁等	拖把、抹布、洗洁精等			
校园公共设施维修登记	校园公共设施报修登记，并及时上报相关职能部门	公共设施报修登记表			
好人好事登记	登记校园好人好事，并发布表彰公告	好人好事登记表			
学生请销假	查验学生请假条签字手续是否完整，登记学生请销假时间，负责联系未按时返校学生，并及时反馈给班主任	学生请销假登记表			

五、送回工具，做好收尾

一周忙碌而充实的劳动教育实践周活动结束后，要做好以下几方面的工作：首先，做好收尾工作，清点劳动工具，有损坏的要如实上报；其次，针对本次劳动教育实践周活动写一篇心得体会；再次，对劳动教育实践周中的自我表现进行自我评价；最后，对劳动教育实践周活动提出合理化建议。

活动 3　整理实训场地

实训场地是学生学习和实践的重要场所，爱护实训场地体现了学生对学习和实践环境的尊重与责任感。这种责任感将逐渐转化为未来职业生涯中的职业素养，有助于学生在今后的工作中保持高度的责任心和敬业精神。同时，整洁、有序、安全的实训环境能够提升学习和实践效率，减少因环境杂乱而导致的意外事故。中职生爱护实训场地，有助于营造一个良好的学习和实践氛围，使大家能够更加专注于学习和实践。另外，实训场地内的设备、工具及耗材等资源是有限的，要倍加珍惜。通过爱护实训场地，中职生能够学会珍惜资源，减少不必要的浪费，培养节约意识和环保意识，为可持续发展贡献自己的力量。

活动目标

1. 掌握 6S 管理标准。
2. 了解实训场地管理规定。
3. 维护良好的实训场地卫生环境。
4. 培养绿色环保意识、节约水电和实习实验材料的意识。
5. 提高学习和实训效率。
6. 在维护实训场地卫生过程中感受劳动的成就，激发对专业的热爱和主人翁责任感。

活动过程

一、学习 6S 管理知识

6S 管理，即整理（seiri）、整顿（seiton）、清扫（seiso）、清洁（seiketsu）、素养（shitsuke）、安全（safety）管理（图 2-1）。实训场地劳动卫生的要求是做好 6S 管理中的每一个环节。6S 是一个有机整体，需要每个职业人从做好每一项整理、整顿、清扫的标准上进行安全生产、学习，事前事后清洁如新，提升职业素养。

二、按照 6S 标准整理实训场地

结合自身学习的专业与实训场地特征，学习 6S 管理知识，了解 6S 管理的具体内容、意义、标准、要求和做法，按照 6S 标准整理实训场地，并形成制度规范。按照 6S 标准整理实训场地，不仅要对实训器材进行规范化管理，还需要对辅助资料、场

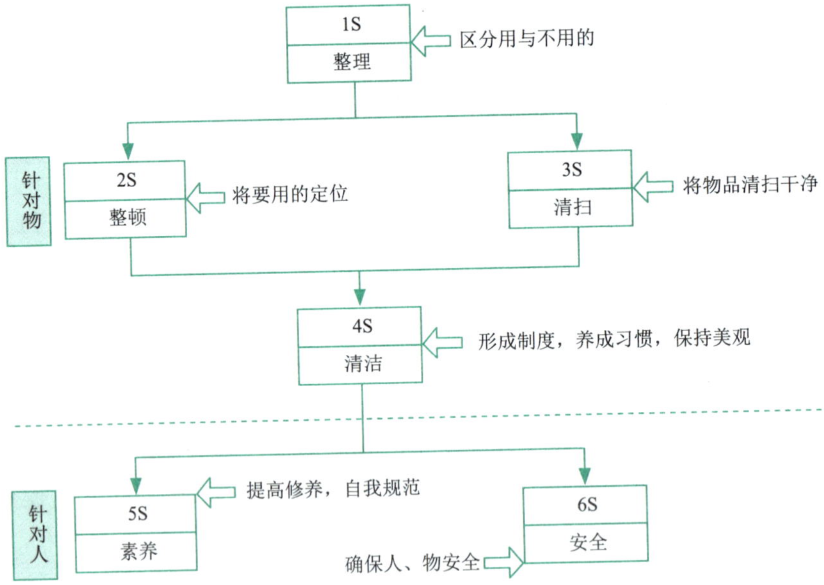

图 2-1　6S 管理图示

地内外环境进行规范化管理。整理、整顿好每一个文件，清扫、清洁好每一种实训设备，在实训场地做到安全生产、规范化管理，从外到内地提升每个职业人的职业素养（图 2-2 ～图 2-5）。

图 2-2　文件整理、整顿、归类分放

图 2-3　设置安全、规范的安全指引

图 2-4 卫生工具摆放整齐

图 2-5 整理后舒适整洁的学习环境

三、检查记录

做好实训场地的检查记录。表 2-7 为实验室 6S 管理实施检查记录表。

表 2-7 实验室 6S 管理实施检查记录表

6S 管理的内涵		基本要求	实施要点	检查记录
整理	腾出空间，灵活使用，防止误用，塑造宽畅的工作场所	将工作场所的所有物品区分为用与不用的两类。留下要用的物品，移走不用的物品	划分区域并贴上标识	
			教学工具、材料设备、清扫用具、消防用具等必需品整齐	
			非必需品清除干净	
整顿	使实验室的设备、物品一目了然，形成一个整齐规范的实验室环境	整理后实验室的设备和物品按照功能区（分类）定点存放。突出仪器设备、物品存放的安全性，提高效率和空间利用率	摆放“三定”：摆放要定点、定容（包装） 和定量	
			标识“三明”：标识要名称明确、型号明确、性能状态明确	
清扫	保持实验室环境的稳定性，巩固整理、整顿的成果，减少安全隐患	将工作场所内看得见与看不见的地方都清扫干净，保持工作场所干净、明亮	基本清扫：墙壁、门窗、桌椅干净，无垃圾	
			实训设备干净整洁、按要求摆放	
清洁	创造干净整洁的现场，维持整理、整顿、清扫的成果	将实验室的整理、整顿、清扫工作进行到底，并且制度化、规范化，经常保持清洁后的状态	对实验室物品而言，要摆放整齐规范、清清楚楚，干净、卫生，清爽明朗	
			对实验室人员而言，要物品账目清、仪器设备状态清、管理规章制度清	
素养	增强对素养的认识，培养遵纪守规、按章办事的良好习惯和一丝不苟的工作作风，营造认真和谐的气氛	养成良好的习惯，培养遵守规章制度的自觉性和团结向上的品质	遵守规则，培养积极主动的精神	
			培养好习惯，营造团队精神	

续表

6S 管理的内涵		基本要求	实施要点	检查记录
安全	保障实验室人员的人身安全和教学科研的正常进行，防止各类事故发生，减少经济损失	消除安全隐患，营造安全的工作环境，保证生命和财产的安全	防止人的不安全行为、不按规程操作等	
			防止物的不安全状态、器材损伤、物品过期老化等	

四、总结与思考

回顾实施 6S 管理前后的区别，结合任务知识学习进行案例分析，进一步明确对实训场地进行 6S 管理的要求，以达到理想标准。

活动4 参与勤工俭学

中职生通过勤工俭学活动，不仅可以提升个人的经济独立能力，更能塑造品格，增强自我驱动力与责任感，拓宽视野并深化对社会的认知。在这一过程中，学生可学会将理论知识与实践操作相结合，有效锻炼解决实际问题的能力，为未来的职业生涯奠定坚实的基础。同时，勤工俭学还可以让学生体验到劳动的艰辛与价值，培养珍惜劳动成果、尊重他人付出的高尚情操。勤工俭学就像一座桥梁，连接着校园与社会，让学生在实践中学习社会规则，理解团队合作的重要性，从而更加成熟、自信地迈向社会，成为有担当、有能力的社会栋梁之材。

活动目标

1. 通过勤工俭学获得报酬，体会劳动创造价值、创造财富的过程。
2. 培养珍惜劳动、尊重劳动的道德情操。
3. 为师生服务，体会以辛勤劳动换取成就和认可的幸福感。

活动过程

一、了解勤工俭学的途径

（一）校内勤工俭学岗位

由学校提供一定的岗位，利用课余时间劳动，这种形式相对稳定、有保障，但数量和待遇有限。

（二）校外零工

学生个人从事诸如发传单、送报纸、做服务员、做家教、临时促销等活动，以简单的体力劳动为主，既可增加经济收入，又有助于克服和转变大学生抵触做某些体力工作的思想，还能接触到不同的人，从他人身上学习优点。但一定要注意保护自己的安全和权益，谨防各类陷阱。

（三）校外兼职

学生可以通过与相关单位以合同的形式从事对方的生产经营活动，有能力的学生可以与对方进行技术性合作。高年级的学生可能更倾向选择校外兼职，这样做可达到几个目的：一是工作比较稳定，有相对较高的报酬，二是较其他方式能更好地培养各方面的能力，三是为以后到公司谋职做准备。

（四）公司打工

利用假期到公司进行生产实践，既可获得报酬，也是一种职业体验实践。

二、勤工俭学前的准备工作

根据自己的实际情况，选取一种勤工俭学方式，做好各项准备工作。

（一）勤工俭学前接受培训

事先接受相关培训有利于提高自身的竞争力，提高找到工作的概率。培训主要包括以下几内容。

（1）基本技能和技术操作规程的培训，通过培训熟悉技术操作的流程，提高自己的专业技能。

（2）法律法规和政策知识培训，通过培训学会用法律武器保护自己的正当权益。

（3）安全常识和道德规范培训，通过培训做到安全生产，在工作岗位上体现自己的职业道德和素养。

（二）勤工俭学前需准备的证件

（1）身份证，证明自己已经年满16周岁。

（2）健康证，根据《中华人民共和国食品安全法》《公共场所卫生管理条例》等法律法规，从事食品生产经营，公共场所服务，化妆品、一次性医疗卫生用品等专业生产，有毒、有害、放射性作业，幼托机构保育这五大行业的相关人员必须拥有健康证。

（3）学历证、职业技术等级证，证明自己能胜任某项工作。

（三）勤工俭学前需准备的其他物品

（1）照片：近期免冠彩照5～10张，以便办理出入证或填写相关信息表。

（2）行李：不宜太多，应尽量携带方便。

（3）现金：日常支出用。

（4）其他需要携带的生活物品，如洗漱用具等。

三、开展勤工俭学活动

（一）投递简历

通过网络、报纸、中介等查询招聘信息，制作简历，选择合适的公司及岗位投递简历。

（二）面试

面试是一个双向选择的过程，面试后双方都有意向可以签订用工协议或者聘用合同。这个过程可以事先专门进行礼仪及问答准备与训练，这样有助于提升个人形象，克服焦虑心理，在面试中有更好的发挥，增加面试成功率。

（三）岗前培训

有些公司可能会安排岗前培训，以帮助员工更好地了解工作要求，尽快地适应工作环境。

（四）上岗工作，注意安全

学生的社会实践经验相对较少，盲目选择兼职很容易上当受骗，甚至危及人身安全。在选择兼职时应加强对信息的辨别，多咨询身边同学、朋友的意见，确保信息的真实以及兼职工作的安全。每次外出兼职应告知身边好友，如今天要去什么地方做兼职。每次去一个陌生的地方最好发个定位给朋友，以防万一。

（五）注意事项

（1）防止中介诈骗。
（2）确认用人单位的合法性。
（3）不交纳任何押金。
（4）防止陷入传销陷阱。

四、结束勤工俭学工作

向领导表示感谢，与同事告别，做好工作收尾和工作交接。完成任务，收拾好个人物品，获取劳动报酬。

五、总结与反思

（1）说说在工作过程中最难忘的事情是什么。

（2）谈谈工作中的时间管理技巧、人际关系相处之道。

（3）说说自己的劳动收获与体会，重点是劳动观念和态度的前后变化。

（4）写一份勤工俭学记录。

活动 5　任务评价

活动目标

1. 能对照任务目标完成自我评价。
2. 能根据分组或独立学习情况，选派代表进行任务完成情况的说明与总结。
3. 能根据任务完成情况，正确、全面地进行任务总结。
4. 能对学习与工作进行总结反思，能与他人进行有效的沟通和良好的合作。

活动过程

1. 自我总结：简述个人在小组中的任务，小组代表展示任务完成情况。

2. 自我提升：根据任务完成情况，分析学习过程中的不足之处及其原因，并思考如何改进，填入表 2-8 中。

表 2-8　自我提升分析

活动	工作内容	不足之处	原因分析	改进意见
1				
2				
3				
4				

3. 按要求完成任务评价表（表 2-9）。

表 2-9　任务评价表

<table>
<tr><td>任务名称</td><td colspan="4"></td></tr>
<tr><td>定量评价</td><td colspan="2">个人自评（10%）/ 分</td><td>小组评价（30%）/ 分</td><td>指导教师评价（60%）/ 分</td></tr>
<tr><td>活动综合评价（80 分）</td><td colspan="2"></td><td></td><td></td></tr>
<tr><td>劳动安全文明（20 分）</td><td colspan="2"></td><td></td><td></td></tr>
<tr><td>小计</td><td colspan="2"></td><td></td><td></td></tr>
<tr><td>最终结果</td><td>定量（分）</td><td></td><td>定性（星级）</td><td></td></tr>
<tr><td>个人小结（看了什么、说了什么、学了什么、做了什么、体验了什么、收获了什么、创造了什么、创新了什么）</td><td colspan="4"></td></tr>
</table>

任务 3 传承家庭劳动美德

任务目标

1. 熟悉家庭劳动的主要内容。
2. 培养自觉承担家务劳动的意识。
3. 增强孝敬尊长、承担责任的意识。
4. 提高清扫、清洗、整理能力，进一步养成良好的劳动习惯。

任务描述

生活在社会关系大家庭中，每个人都具有多重角色。在学校我们是学生，在家里我们是孩子，在社会上我们是公民，不同的角色让我们实现不同的人生价值。我们长大了，而父母慢慢变老了。家庭是我们成长的摇篮，是我们避风的港湾，我们受其庇护，也要为其贡献我们的一份力量。从事家庭劳动一般是自发的、自愿的、无偿的。家庭劳动是贯穿人生始终的必修课，从一个家庭的起居环境可以感受到主人的追求、家庭成员的关系以及家风传承情况。中职生能参与的家庭劳动一般包括洗衣、做饭、打扫卫生、整理物品、照顾老人、购买日用品等。

“一屋不扫，何以扫天下。”家是最小国，国是千万家。由家庭劳动开始的中华优秀传统文化滋养、中华传统美德传承、中华智慧启迪，是照耀我们人生之旅温暖的阳光，是指引我们航向的明亮灯塔，是我们“安得广厦千万间”的出发点，是我们推己及人“达则兼济天下”的原动力。

承担家庭责任，你知道可以从哪里做起吗？让我们带着这个问题来学习本任务的知识，参与本任务的活动。

任务图志

整理床铺

洗刷碗筷

清理庭院

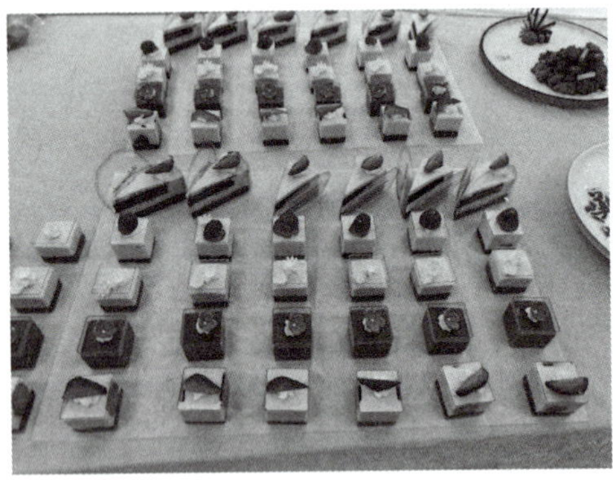

制作美食

任务知识

一、中职生参与家庭劳动的意义

在现代社会中，身体素质的好坏和劳动意识的强弱，是一个人能否取得成功的关键。对于中职生来说，如果从小就不做家务，容易养成过分依赖父母、独立性差、生活自理能力差、劳动观念淡薄等不良习惯，将会给他们的成长带来不利影响。

参加家庭劳动的意义主要包括以下几点。

（1）参加家庭劳动有助于形成艰苦朴素、懂得感恩等良好的思想道德品质。参与家庭劳动，能够体会劳动成果的来之不易，感受到父母亲人为家庭温馨幸福持续不断的付出，从而感恩父母的无私奉献，增进家人之间的情感交流，养成勤俭节约、爱惜劳动成果的良好品质。

（2）劳动能够使人增强本领、提高生存能力、自立自强。

（3）参加家庭劳动是传承家庭优良作风的重要形式。家庭教养会影响一个人的气质和性格，进而影响他为人处世的能力。

二、现代青少年家庭劳动的现状

劳动能带给人收获和喜悦，即使生活在城市中，也有很多人愿意种花、养鱼，对土地的眷恋以及参与劳动一直是人类生存的底色。然而，随着社会生产力的发展，人们的劳动形式发生了重大变化，脑力劳动所占的比例越来越高，人们追求物质财富的途径越来越广泛，社会关系越来越复杂，价值观念呈现多元化的特点。反映在家庭教育上，就是有的家长弱化对孩子的劳动教育，突出智力教育第一，主要表现在以下几个方面。

（1）轻视体力劳动、智力至上，无形中打击孩子的劳动兴趣，挫伤孩子的劳动积极性，对孩子的劳动意识和劳动观念形成负面影响，常见的观念包括“好好学习就行，家里的事用不着你管”“不好好学习，将来就去扫马路”“再不学习，到农村放羊吧”等。

（2）为了让孩子把全部精力投入学习，家长包办家庭劳动，使孩子眼高手低，有些孩子十几岁了还不会系鞋带、不能自己叠被子、不会刷碗，生活自理能力很差。

（3）有些家长将劳动当作惩罚的手段，孩子做了错事就惩罚孩子做家务，使孩子形成了“劳动就是惩罚”的消极的思维定式。

（4）有些家庭虽然鼓励孩子做些力所能及的家务，但以高额报酬为诱饵，使孩子养成一切劳动都要支付对等价值或超额价值的观念，这些孩子很难养成无私奉献、爱岗敬业、工匠精神、劳模精神等劳动精神。

三、中国家庭传统的劳动观念

“书香门第传家远，勤劳人家富有余”是中国传统家庭的劳动观念。洒扫庭除、端茶倒水、迎来送往、知书达理是孩子从小就耳濡目染的家教，家庭劳动是贯穿人生始终的必修课。由修身、齐家、治国、平天下推衍开来的治理理念更突显了家庭对于立德树人的重要意义。家庭是人成长的摇篮和优秀传统文化传承的重要载体，从一个家庭的起居环境可以感受到主人的追求、家庭成员的关系，以及家风传承。《弟子规》《朱子家训》等典籍中有很多关于家庭劳动的表述。《朱子家训》开篇就强调了劳动传承：“黎明即起，洒扫庭除，要内外整洁；既昏便息，关锁门户，必亲自检点。一粥一饭，当思来处不易；半丝半缕，恒念物力维艰。宜未雨而绸缪，毋临渴而掘井。自奉必须俭约，宴客切勿流连。器具质而洁，瓦缶胜金玉；饮食约而精，园蔬愈珍馐。勿营华屋，勿谋良田。”

中职生自觉投入家庭劳动，做力所能及的家务，帮助家庭打理收支，从中展现出自己感恩、担当、爱心、亲情、成长的一面，无疑会令父母宽慰、欣喜，让家庭更和睦、充满生机和希望。由家庭劳动推己及人地参与社会公共事务，就会成长为有责任、有担当的新时代青年。

四、学做几样拿手菜

家庭劳动中非常重要的一项内容就是做饭炒菜。中国饮食可谓是舌尖上的美味，博大精深，特色鲜明，享誉海内外。饮食模式结合地域与文化的影响，塑造了人们的饮食习惯，影响了各自的膳食结构和健康，有些人喜欢甜淡，有些人喜欢麻辣，有些人喜欢咸鲜，有些人喜欢素，有些人喜欢荤腥等。建议学做几样特色饭菜。可以向亲戚、朋友学习，也可以上网搜索自己感兴趣的菜谱。

五、学会理财

（一）理财及其意义

理财就是管理财富，目的是使财富增值或发挥最佳效能，包括赚钱、省钱、花钱之道。如何管理好家庭财富，是维系一个家庭及过好日子的重要问题。中国人的个人财富主要是以家庭为单位进行管理的，如何有效合理地处理和运用钱财，增强收支的计划性，合理支出，科学理财，降低风险，减少损失，对于家庭经营意义重大。目前家庭理财已成为一门实用学科。

（二）理财的基本内容

一是增加收入，包括父母的收入、学生勤工俭学或假期打工的收入以及利息收入、房租收入等。

二是控制支出，不必要花费的钱不花。

三是规避风险。通过储蓄，以备不时之需；通过购买保险，以防更大的损失。

四是研究通过专门机构理财。专门机构理财是风险投资行为，要有一定的财力和抗风险能力，以及专业的理财知识。理财有风险，投资需谨慎。专门机构理财一般有银行理财（有保本、非保本之分）、证券公司理财（包括股票、基金、期货等）、保险理财（长期、持续投入，意外、医疗、教育等保障范围内享受收益，保障外急需用钱无法取出）等。除了理财产品本身的风险之外，还要防范虚假宣传、诈骗，如非法集资、消费高返利、免费荐股（基金）、预期超高收益存款（过高的收益率，不受国家保护）等。

五是收藏增值。主要是邮票、纪念币、古董、名人字画等的收藏，这类理财充满不确定性，需要对行业有比较充分的了解和认识。

（三）中职生理财注意事项

1. 明确自己所拥有的财产

要确保理财对象是自己的闲钱积蓄，不得动用家庭共用财产。即使家里支持，也要分析家庭近期和未来的生活目标支出，确定有多少积蓄可用于理财。中职生理财不是纯粹追求赚钱，而是培养理财观念和习惯，熟悉理财操作，管理好自己的各项支出。

2. 合理分配资产，优选银行储蓄

学生以学习为主，应将时间和精力更多用在学习上，因而不应该把时间过多花费在理财产品的选择等方面。优先选择银行储蓄，等条件具备后再逐步分散理财，合理搭配资产组合。

注意：不要进行校园借贷，注意安全风险。

（四）了解利息及金融常识

资金有时间价值，利息就是货币在一定时期内的使用费，原有的资金是本金。利息的计算分单利和复利。

单利是指一笔资金无论存期多长，只有本金计取利息，而以前各期利息在下一个利息周期内不计算利息的方法。其计算公式为

$$利息 = 本金\ P\times 借贷期限\ n\times 与期限对应的利率\ i$$

例如，1 月 1 日存款 10000 元，期限为 5 年，年利率为 2%，则利息 =10000×5×2%=1000(元)。

复利就是“利滚利”，利息周期性滚动。复利的计算公式为

$$利息 = 本金\ P\times[(1+与期限对应的利率\ i)^{借贷期限\ n}-1]$$

同样是存款 10000 元，年利率为 2%，按复利计算，结果就大不一样。第一年的利息为 10000×2%=200(元)，第 2 年的利息为 $10000\times[(1+2\%)^2-1]-200=204$(元)，利息比第一年多了 4 元。时间累积越久，滚动多出来的利息越多。5 年后，本息和为 $10000\times(1+2\%)^5=11041$(元)，利息为 1041 元。

上例中，5 年的复利利息为 1041 元，单利利息为 1000 元，二者差距达 41 元，本金越多，期数越多，差距就越大。在实际生活中，利息可能更高，可能会按月甚至是按天计复利，还有“砍头贷”“套路贷”等各种隐情，因此要防范金融风险，不要让自己陷入校园贷或各种骗局之中。即使是正规银行借贷，或者向亲友借贷，也要考虑偿还能力。

高利率存在高风险，且超过一定限度不受国家法律保护。一般来说，高于银行同期同类利率的 4 倍就不受国家法律保护，因而无论是借还是贷，都应注意风险。

（五）利用小程序或 App 记账

利用小程序或 App 记账可实现如下功能。

1. 账户管理

账户管理是理财软件的基础功能，显示资产、负债、净额等数据，以及发生的汇款、储蓄等情况。有些理财软件在账户管理方面已经做得比较完善，可以优先选择。

2. 生成可视化图表

应用信息技术可以方便地将数据转化为可视化的图表，直观地显示收入、支出、消费等各种数据，用柱状图、扇形图、变化曲线等呈现分析结果，供用户使用。

3. 语音输入

有些理财软件能提供语音输入功能，以语音形式便捷地输入基础数据，既方便使用，又可避免记录不及时造成的数据不全现象。

4. 自动统计收支

有些理财软件能实现自动收支统计，方便进行数据研究、分析。

5. 数据的导入导出

用户使用记账软件所统计的数据有时候可能需要进行同步、转移。例如，更换手机、手机遗失或更换手机内存卡等都会影响用户对数据的使用，好的记账软件应能够实现重要账目数据资料的导入导出、备份同步。

6. 预算功能

有些记账软件可提供预算功能，甚至能够分项、分时间段统计，结合图表直观、形象地展示出距离预算的边界，方便控制支出。

六、学习洗衣服的基本常识

（一）内外衣服分开洗

因为内衣直接接触皮肤，外衣穿在外面，容易接触外界的细菌和灰尘，所以内衣与外衣要分开洗，并且洗内衣时尽量使用柔和的专用内衣皂。如果家里有婴幼儿，要把婴幼儿的衣服与大人的衣服分开洗，避免大人衣服上的细菌沾染到孩子的衣服上。

（二）根据污渍种类分别对待

要根据不同的污渍种类选择不同的洗涤方法。如果衣物上有血迹，要用冷水洗涤才能将血迹洗干净；如果衣物上有红酒渍；则要用白酒或酒精先揉搓，再用洗涤剂清洗；如果把水果汁弄到衣服上则要马上清洗。

（三）洗之前先浸泡

衣服不要直接入水清洗，应该先加上洗涤剂浸泡 10 分钟左右。因为水会软化衣物，并且溶解一部分污渍，即使是顽固污渍也可以软化，然后经过手洗就可以基本去除了，但是不要把衣服浸泡时间过长，否则会更不好洗涤。

（四）深色浅色分开洗

深色衣服有可能会掉色，最好在洗涤之前先看标签，在确定掉色之后要独立清洗。对于无法判断是否掉色的衣服，尽量还是和其他衣服分开洗涤，避免其他衣服被染色。

（五）衣服要及时清洗

换下来的衣服要及时清洗，不要堆在一边，想起来之后才去洗。因为穿过的衣服灰尘和细菌较多，放置时间过长不仅有味道，还很容易形成斑点、霉斑等。

（六）多次漂洗直到衣服清透为止

漂洗的次数根据加入洗涤剂的多少来定，一般为 3 ～ 4 次。通常以漂洗至水中没有泡沫而且不浑浊、手触摸衣服没有滑腻感为宜。

（七）洗衣服的步骤

（1）准备一个大小合适的盆子，添上大半盆水。

（2）往盆里放洗涤剂，看洗涤剂上的说明，多少衣服对应多少洗涤剂。

（3）往盆里放衣服，浸泡 10 分钟左右。衣服的数量不要太多。

（4）洗涤。如果有掉颜色的衣服，一定要另外单洗，不可放在一起混洗，否则其他衣服会被染上颜色。

（5）拧（甩）干。有些材质的衣服是不可以全拧干的，要看衣服标签上的说明。没有特殊要求的衣物可用洗衣机甩干，洗衣机一般会有单独的甩干功能。洗完衣服之后，还是按照内衣和外衣分开的原则把衣服甩干。

（6）晾晒。最好在阳光下晒衣服，这样可以让衣服干得更快，而且太阳光里的紫外线还可以消毒、杀菌。

活动 1 做个家庭劳动好帮手

参与家庭劳动对中职生来说是一次宝贵的教育经历，它不仅有助于培养个人的责任感和独立性，还能增进家庭关系，让学生学会感恩与尊重、提升生活技能、培养勤劳节俭的习惯以及增强解决问题的能力。这些品质和能力将对中职生的成长和发展产生深远的影响。

活动目标

1. 学会清洗、熨烫、晾晒衣物。
2. 培养吃苦耐劳、艰苦奋斗的劳动观念。
3. 培养合理规划、分步实施的劳动素养。

活动过程

一、清洗衣物

（一）清洗衣物时的注意要点

（1）收集家中衣物，将需要简单清洗、油污较多的衣物分开洗，易褪色、染色衣物单独洗，内衣和袜子等分开单独洗。

（2）轻薄易洗的衣物要用手洗，不宜机洗的衣物选择干洗等。

（3）使用洗衣机时，要根据衣物种类选择适当的洗涤程序或洗涤时间。

（4）使用洗衣机时，要注意衣物重量均匀分布，避免撞击桶壁，如有异常响声，立即关闭电源查看状况。

（二）用手洗衣物

普通污渍只要在温水中倒入洗涤剂，将衣服浸泡 10 分钟左右，反复揉搓后，换清水漂干净即可。洗涤剂要根据使用说明来使用，有些洗涤剂不能混用，最好一次只使用一种。用搓衣板可以增加摩擦，减少对手臂的擦伤。

去除衣物顽固污渍小妙招：要想去除衣物上的油污，可以先用卸妆湿巾反复擦拭后再冲洗干净；对于有的污渍，可以将衣物放在淘米水中浸泡一夜再揉搓。

（三）用洗衣机洗衣物

按操作说明，将衣物放入洗衣机，关好洗衣机门，打开电源开关，选择洗衣类型或时间等，在洗衣机洗涤剂槽内倒入洗涤剂，按下“开始”键洗衣机就会开始工作。洗衣机的操作比较简单，在指导下操作一两次即可学会。全自动洗衣机可以一次选择好模式，自动完成洗甩全过程;半自动洗衣机的洗衣与甩干过程是分开的，洗衣结束后，要手工将衣服拎出来放入甩干桶中，再定时、甩干。

二、晾晒衣物

衣物甩干或者拧干后，要及时晾晒，否则会发霉。晾晒的时候要尽量将衣物展开，通常将衣物晾在通风且有阳光的地方。阳光是天然的消毒剂与漂白剂，可以杀灭大部分螨虫、细菌和其他有害微生物，但有些衣物因怕掉色等要避免暴晒。为防止衣物掉落，可以用夹子夹住。如果特别着急穿的衣服，可以用两个衣架把衣服撑起来，在衣服的前、后襟之间形成一个空间，还可以用电吹风在里面吹一吹。晾晒衣物要注意安全，尤其是在阳台等高处。有些地方如无晾晒装置或不允许外挂晾衣架的楼房，或窗外有电线经过的地方等，不要在室外或窗外晾晒。

三、熨烫衣物

熨烫衣物是个技术活儿，要根据衣物材质的不同调整合适的温度，要注意不能烫坏衣物或者烫伤自己。有的熨斗需要加水，可以喷雾，以避免高温灼烧衣物。在接通电源熨烫时，要时刻注意观察熨烫效果及面料变化，特别是天然纤维面料衣物的颜色及气味，稍有变化，应立即切断电源，待继续熨烫中发现温度不够时再接通电源。在垫湿布熨烫时，由于要使水分变为蒸汽，因此温度下降很快，即使不关电源，也会出现热力不足的现象，这时就要放慢熨烫速度。对熨斗的运行掌握可先轻后重，使水分蒸发扩散均匀、温度分布均匀。使用调温电熨斗时，应掌握熨斗核定的各种纤维挡次的熨烫温度，因为它是根据纤维最基本的保险系数制定的，用这个温度根本烫不平衣物。所以在熨烫中，最好在该纤维熨烫温度的基础上再提高一个挡次，如有必要还可调到更高的挡次。

衣物熨烫顺序如下。

先烫反面，再烫正面;先烫局部，再烫整体。

上装:分缝—贴边—门襟—口袋—后身—前身—肩袖—衣领。

裤装:腰部—裤缝—裤脚—裤身。

衬衫:分缝—袖子—领子—后身—小裥—门襟—前肩。

四、折叠收好

等衣物晾晒完毕，熨烫好后，就可以挂进衣橱，以避免褶皱。如果空间有限，可以叠放起来。一些衣物有经验性的叠法，可以学习一些收纳的技巧，既节约空间，又方便穿用。

五、活动提高

学习收纳衣服的小技巧。

技巧 1：把衣服分类后，都折叠成一样大小，整齐摆放。这样能够充分利用空间，取拿便利。尤其是衬衫，都以领口为准排列整齐时，领口不会弄坏变形，还能清楚地看见每件衣服。短袖衬衫折叠方法如图 3-1 所示。

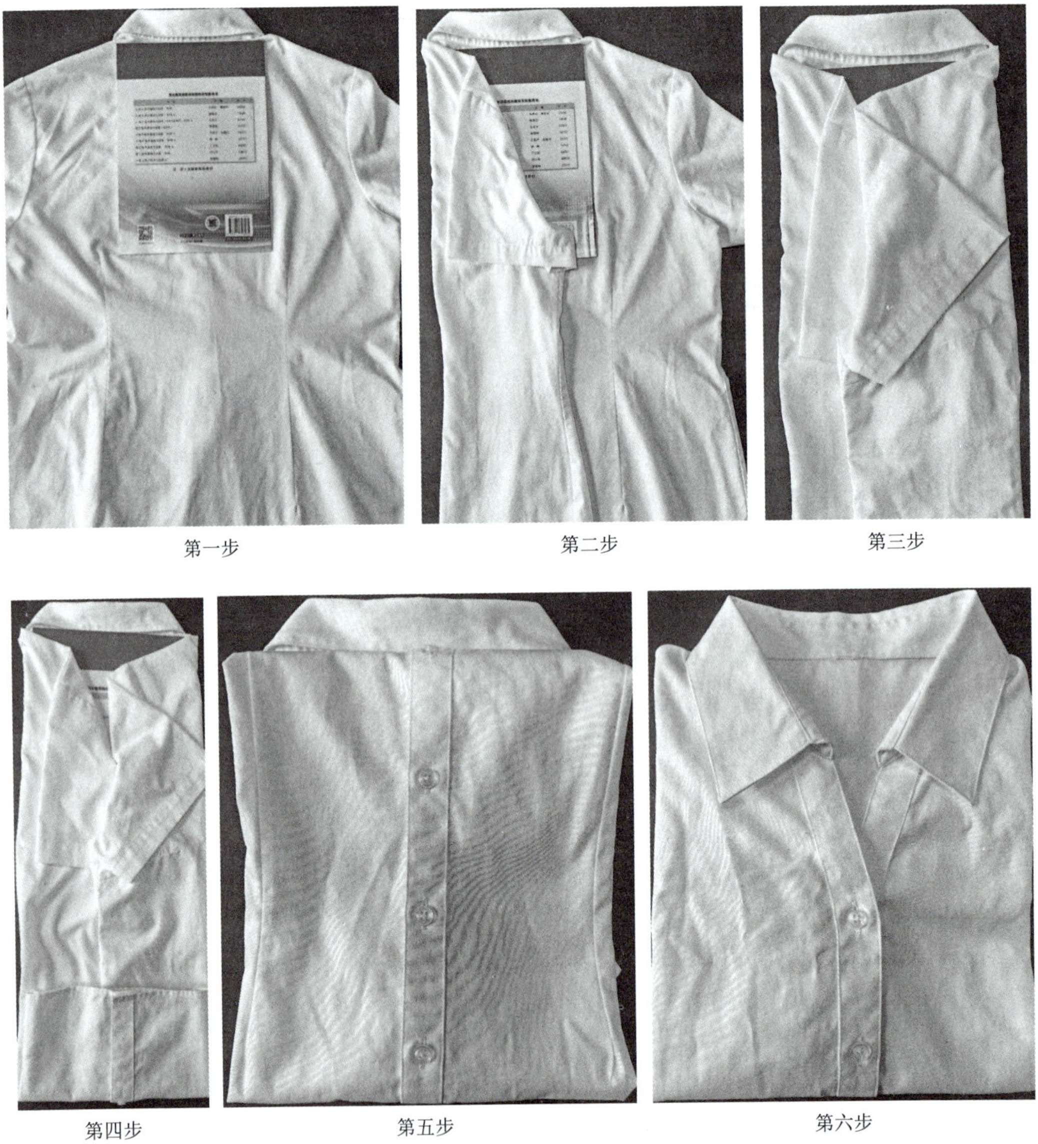

图 3-1　短袖衬衫折叠方法

技巧 2：T 恤类卷成圆筒状放入抽屉中。由于 T 恤不像衬衫那样怕折，可以将 T 恤的袖子往内折，再从下往上卷成圆筒状。这样除整洁之外，收放也方便，不用担心其他衣服会被翻乱。

技巧 3：长裤收纳，可以利用保鲜膜的卷芯来帮助整理。用两个保鲜膜卷芯放在裤子上，将裤子分为三等份，然后折起来。可将放有保鲜膜卷芯的裤子放于抽屉，上方还可以放一些衣服，因为有保鲜膜卷芯的支撑，就不必担心长裤会压坏了。

技巧 4：巧用袋式处理法。袋子多半有带子或挂钩，是可以挂起来利用立体空间的收纳工具。不管是在柜子内还是在柜子外，都可利用立体空间，这样能大大增加收纳量。

活动 2 我的小屋我来理

中职生通过整理宿舍，不仅可营造整洁雅致的休憩环境，更可在这一过程中深刻体验劳动创造美的真谛。他们以实际行动诠释对生活品质的追求。每一次擦拭与整理，都是对自我管理能力与团队协作精神的锤炼。同时，这份责任感与使命感，如同璀璨星光，照亮了他们心中对集体荣誉的坚守与对社会责任的担当，使他们真正成为宿舍乃至校园中不可或缺的主人翁。

活动目标

1. 了解宿舍管理规定。
2. 养成爱护宿舍卫生环境的良好习惯。
3. 在维护宿舍卫生过程中感受劳动的成就，激发对专业的热爱和主人翁责任感。

活动过程

1. 小组讨论（可按宿舍分组），参照 6S 管理标准，研究制订一份整理宿舍的方案，包括具体措施和预期效果。

2. 参照 6S 管理标准整理宿舍（表 3-1）。

表 3-1　参照 6S 管理标准整理宿舍

6S 管理的内容		基本要求
整理	区分“要”与“不要”的东西，对“不要”的东西进行处理	及时清除宿舍杂物，“不要”的物品应果断处置，腾出空间，使之清爽。空床不乱堆放杂物；不在宿舍内、外吊挂杂物
整顿	“要”的东西依规定位、定量摆放整齐	1. 被子按军训要求折叠摆放好，枕头放在与被子相对的一头，床单平整。 2. 床下鞋子按统一方向，呈一线排列。 3. 漱口杯、毛巾、牙膏、牙刷等生活用品规范放置。 4. 床上除被褥、床单、枕头外不能放置其他物品。 5. 衣物和其他小物件放在柜内，晾晒的衣物统一有序挂在阳台衣杆上。 6. 书桌上物品摆放整齐。 7. 桌、椅、行李箱等大件物品，做到放置整齐一致。 8. 宿舍内卫生工具统一放置在盥洗室门的后面（或阳台隐蔽处）。 9. 宿舍内不挪动床、铁皮柜；不乱贴、乱挂、乱画

续表

6S 管理的内容		基本要求
清扫	打扫宿舍清洁卫生，清除垃圾和脏污	1. 地面干净整洁，无垃圾、水渍、印迹等。 2. 室内墙壁和门窗无蜘蛛网、无灰尘、无涂鸦、无乱贴。 3. 床底下定时清扫，没有浮尘。 4. 阳台、卫生间无异味、无尿渍，垃圾篓内无垃圾。 5. 宿舍门口走廊区域卫生每天清扫，保持干净
清洁	将整理、整顿、清扫制度化、规范化，以此来维持成果	宿舍内张贴有卫生值日表和寝室长职责制度，宿舍卫生管理有明确分工，每天按值日安排打扫好宿舍卫生，保持整理、整顿、清扫活动效果，使良好的宿舍环境保持持久
素养	人人依规行事，提升人品素养	1. 培养好习惯。①严禁在宿舍内喂养宠物，严禁在宿舍使用高分贝物品（如低音炮、扩音器、音箱等）和大声喧哗；②禁止吸烟、酗酒，避免说脏话等不良行为；③遵守作息，在熄灯后不喧哗，不放音乐，不打电话，不玩手机等，杜绝因为个人原因而影响他人的学习和休息；④讲卫生、讲文明、讲礼貌，不向窗外和公共区域乱丢垃圾。 2. 营造团队精神。①倡导节约用水用电、爱护公共财产；②倡导宿舍学生之间相互尊重，团结友爱，努力营造健康有益、积极向上的宿舍文化
安全	排除宿舍危险隐患，防止安全事故发生	1. 男生不允许进女生宿舍，女生不允许进男生宿舍。 2. 宿舍不准留宿外人。 3. 严禁使用热得快、电炉、电暖器、电热毯、电吹风等大功率电器，杜绝私拉乱接电源（含接线板、充电设备，做到人走拔掉插头并收归入柜）。 4. 严禁点蜡烛进行赌博、推销食品等。 5. 不得坐在二楼以上的窗口或栏杆上，禁止出入楼顶。 6. 严禁私藏或拥有任何危险物品或管制刀具、棍棒等。 7. 宿舍内严禁出现打架、斗殴、谩骂同学等行为。 8. 严禁爬围墙、爬电缆线、爬窗户、爬护栏等进出宿舍的危险行为

3. 宿舍卫生和宿舍文化评比。开展宿舍卫生和宿舍文化评比，借鉴学习优秀宿舍环境布置，让自己的宿舍更加整洁、舒适、温馨（图 3-2 和图 3-3）。

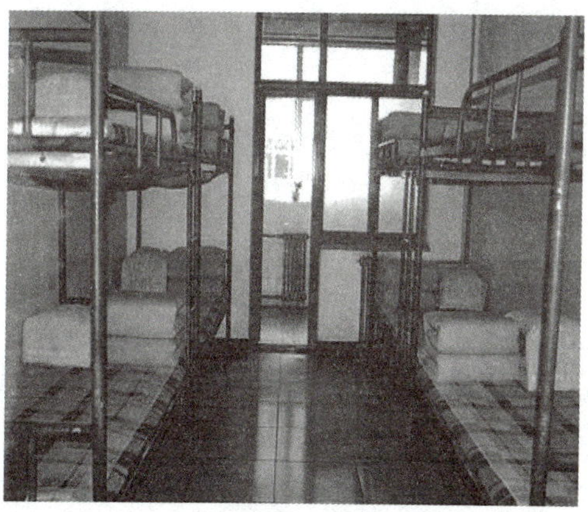

图 3-2　整洁的宿舍

图 3-3　温馨的宿舍

4. 总结与思考。回顾参照 6S 管理标准整理宿舍前后的区别，结合对任务知识的学习，说一说对实训场地进行 6S 管理的要求。

活动3　做个礼物送父母

中职生亲手制作礼物，将满满的感恩与爱意编织进每一个细节之中。这一过程，不仅是对劳动乐趣的深刻体验，更是心灵手巧与创造力的一次华丽绽放。也正如自己的每一步成长，都凝聚了父母无尽的心血与汗水。同时，制作礼物的过程也是中职生的一次创新思维的锻炼之旅。面对挑战，他们将学会独立思考，勇于尝试，不断调整方案，最终创造出既实用又有心意的作品。

活动目标

1. 学习编制手链的基本步骤和方法，通过剪、编等动手操作锻炼手工技艺。

2. 在编制手链过程中感受劳动的乐趣，强化劳动体验，理解父母把自己养育成人付出的辛劳。

3. 提高动手能力，培养创新意识，提高自主探究解决问题的能力。

活动过程

一、准备素材

选择一种手链来准备素材，进行手工制作。手链主要起装饰作用，可以用珠子穿，可以用线绳编，可以用链和坠组合，也可以发挥其他创意。将素材和制作步骤准备好后，大家可以共同制作，并相互学习交流。

二、学习滑结手链的编法

滑结手链是指可以根据人的手腕粗细来回滑动绳子以调整开口大小的手链，非常实用。滑结手链的编法如图3-4～图3-17所示。

图3-4　做一个手腕大小的圆环

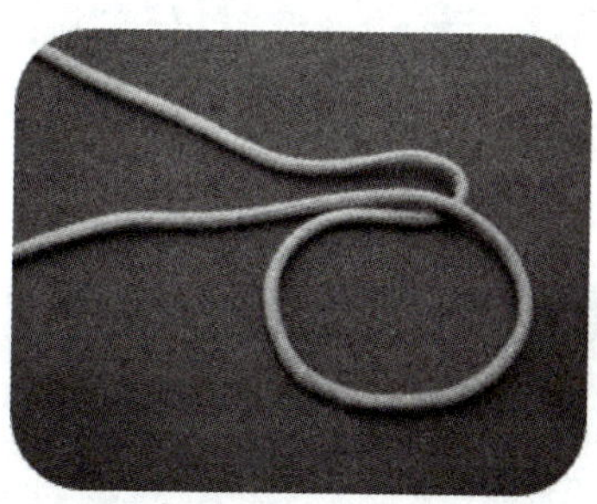

图3-5　将右手股带到左边，形成一个弯曲

图 3-6　绕线，次数可以自己决定

图 3-7　最后穿过环结

图 3-8　再从绳结穿过

图 3-9　拉紧

图 3-10　把左手边的绳子向右摆放

图 3-11　同样绕线，圈数跟前一个相同

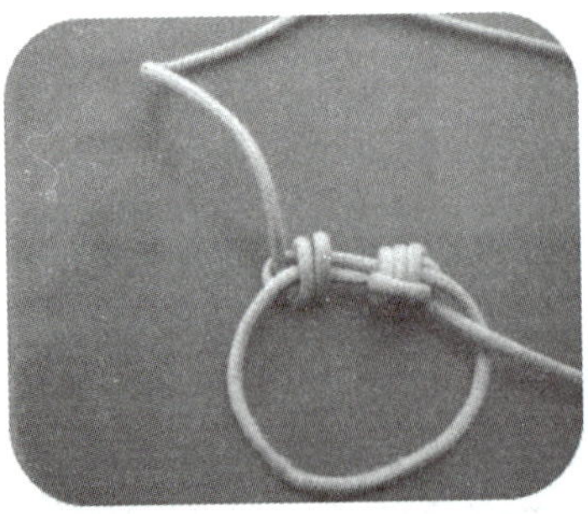
图 3-12　通过环扣

图 3-13　再穿过绳结

图 3-14 慢慢抽紧

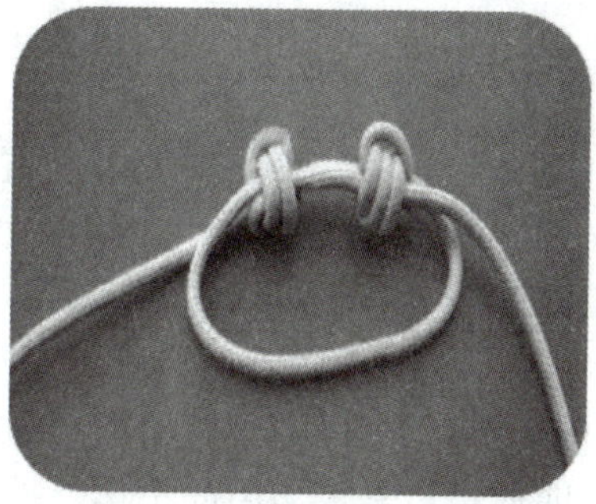

图 3-15 剪去两端多余部分

图 3-16 从另一个方向看的绳结

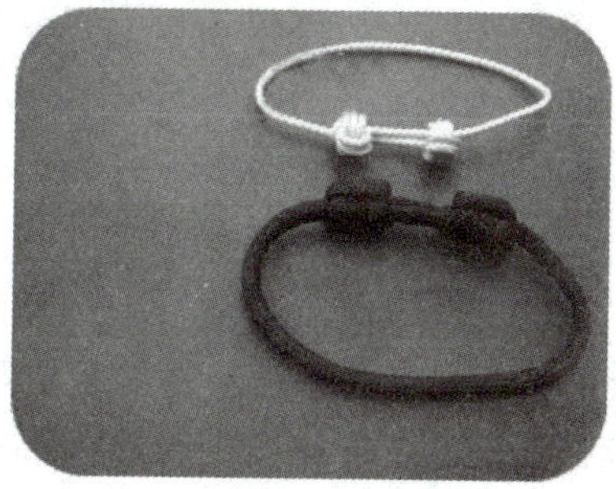

图 3-17 滑结手链成品

三、将手链送给父母

试戴一下编好的手链，用塑料袋或包装盒装好，送给父母，并亲自给父母戴到手腕上，拥抱父母，向父母表达感恩之情，希望自己的关爱能时刻陪伴他们左右。

四、总结编制技巧

（1）手链用绳稍微留长一些，大约绕手腕一周长度的 2 倍。

（2）手链颜色的选择要考虑父母的年龄和喜好。

（3）手链制作过程中，各个绳结要均匀平整，随时观察调整。

（4）手链制作完成后，需要剪去多余的绳子，这时候为了防止滑结散开，要用打火机烧化绳头，趁热迅速用防火的硬物推住绳头，冷却后就会凝结成稍宽一些的硬结，稍加整理，使其平整，避免影响美观或者刮手。这个过程有点危险，注意安全使用打火机，防止伤手或者烧烫伤其他物品，可以先用废旧绳子练习几次再在制作完成的手链上操作。

五、活动总结

总结本次活动心得体会并记录下来。

活动 4 做餐美食送父母

为家人制作餐食，不仅可以锻炼烹饪技巧，而且可以加强生活体验与情感交流。通过亲自动手，深刻体会烹饪的乐趣与成就感，这种积极的体验可以极大地增强生活自信心。即使是日常生活中的小事，也能通过用心去做而变得意义非凡，这种认知促使中职生更加积极地面对生活的每一个挑战。

为父母制作餐食，不仅可以满足父母的味蕾，而且可以表达中职生对父母的感恩之心。通过活动体验，中职生能够学会珍惜家人的付出，更加懂得如何去关爱与回报。在这个过程中，他们的情感将得到升华，家庭关系也将因此变得更加和谐与温馨。

活动目标

1. 能在今后的生活中主动关注营养与健康常识。
2. 掌握几道家常菜的制作方法，独立烹饪几道家常菜。
3. 从烹饪中感受生活的美好，增强生活自信，体会到父母做饭的辛劳。

活动过程

一、研究要做的美食是什么

可以分组研究制作哪几道家常菜，查查需要的原料有哪些、是否方便买到。了解制作的流程和要点，写下来。

二、准备食材

根据本组选定的菜品进行食材的准备，表 3-2 所示为制作宫保鸡丁的食材和用量。

表 3-2　制作宫保鸡丁的食材和用量

食材	用量	食材	用量
主料			
鸡胸肉	1 块	花生仁（炒）	100 克
辅料			
胡萝卜	半根	老抽	1/2 茶勺
黄瓜	半根	香醋	2 汤勺
蒜	适量	淀粉	10 克
葱白	1 段	白糖	1 茶勺
干辣椒	适量	蚝油	2 汤勺
食用盐	1 茶勺	食用油	适量
料酒	1 汤勺	鸡精	1 茶勺
生抽	1 汤勺		

三、明确制作流程

明确制作流程，确认制作要点。例如，制作宫保鸡丁共分 6 个步骤，如表 3-3 所示。

表 3-3　制作宫保鸡丁的步骤

步骤	图示
第一步，将胡萝卜、黄瓜、鸡胸肉切丁，葱白、干辣椒切段，蒜切末，备用	
第二步，用淀粉、料酒将鸡胸肉腌制 5 分钟	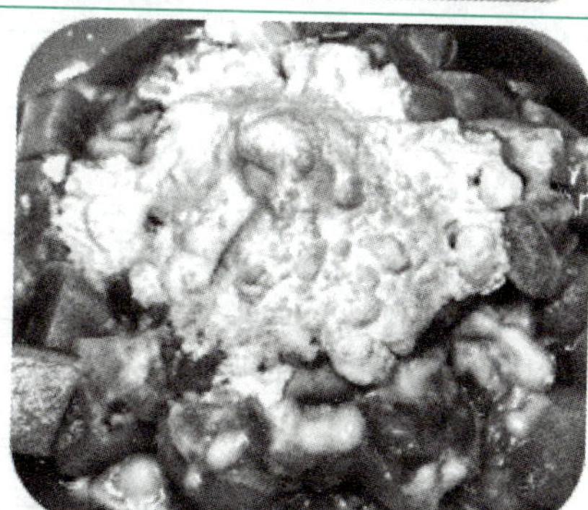

续表

步骤	图示
第三步，将生抽、老抽、蚝油、白糖、食用盐、鸡精、香醋、淀粉搅拌均匀，作为酱汁备用	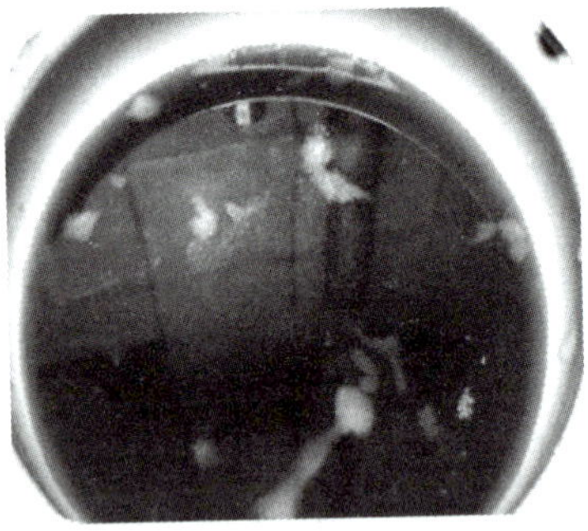
第四步，热锅留底油，加入蒜末、葱段、干辣椒炒香	
第五步，加入胡萝卜丁、鸡胸肉炒匀	
第六步，加入黄瓜丁、花生仁和酱汁，大火翻炒均匀即可出锅	

四、明确注意事项

（1）使用刀具时需要注意不要伤害到自己。

（2）清洁灶台，保持通风。在炉灶四周，切勿堆放杂物，如废纸、抹布或其他易燃物品。使用灌装液化气时，气罐与炉灶要保持 1.5 米开外的距离，不得在气罐周围堆放可燃物。

（3）煨、炖、煮各种食品、汤类时，应有人看管，汤不宜过满，在沸腾时应降低炉温或打开锅盖，以防外溢。

（4）油炸食品时，油不能放得过满，油锅搁置要平稳，人不能离开。油温达到适当温度，应立即放入要炸制的食材。

（5）油锅起火时，特别注意不可向锅内浇水灭火，可以直接用锅盖或湿抹布覆盖，把切好的蔬菜倒入锅里也可以灭火。

（6）炉具使用完毕，立即熄灭火源，关闭气源，通风散热。

（7）厨房内危险物品较多，切勿让儿童进入厨房玩耍。

可以再补充一些注意事项，记录下来。

五、尝试制作美食

按照流程制作美食。可以小组间竞赛，也可以课后在家里完成。记录下主要制作过程和家人的反馈。

六、回顾总结

常言说："纸上得来终觉浅，绝知此事要躬行。"自己亲自去做美食的时候，才会感受到要达到尽善尽美、色香味俱全还是不容易的。不过亲自制作的劳动成果凝结了自己的智慧和劳动，品尝起来还是非常有成就感的。学会制作美食，孝敬父母，一定会让家人感到欣慰。回顾一下此次活动过程，做一份回顾总结。

活动 5 任务评价

活动目标

1. 能对照任务目标完成自我评价。
2. 能根据分组或独立学习情况，选派代表进行任务完成情况的说明与总结。
3. 能根据任务完成情况，正确、全面地进行任务总结。
4. 能对学习与工作进行总结反思，能与他人进行有效的沟通和良好的合作。

活动过程

1. 自我总结：简述个人在小组中的任务，小组代表展示任务完成情况。

2. 自我提升：根据任务完成情况，分析学习过程中的不足之处及其原因，并思考如何改进，填入表 3-4 中。

表 3-4　自我提升分析

活动	工作内容	不足之处	原因分析	改进意见
1				
2				
3				
4				

3. 按要求完成任务评价表（表3-5）。

表3-5　任务评价表

任务名称				
定量评价	个人自评（10%）/ 分	小组评价（30%）/ 分	指导教师评价（60%）/ 分	
活动综合评价（80分）				
劳动安全文明（20分）				
小计				
最终结果	定量（分）		定性（星级）	
个人小结（看了什么、说了什么、学了什么、做了什么、体验了什么、收获了什么、创造了什么、创新了什么）				

任务 4 弘扬劳模精神、劳动精神、工匠精神、志愿服务精神

任务目标

1. 了解劳模精神、劳动精神、工匠精神的主要内涵。
2. 熟悉劳动模范的主要事迹。
3. 形成向劳动模范学习的驱动力。
4. 了解志愿服务精神。
5. 形成热爱劳动、崇尚劳动、主动劳动的品质。
6. 坚定技能报国、勇做大国工匠的信念。
7. 能积极投身志愿服务活动。

任务描述

劳模精神、劳动精神、工匠精神、志愿服务精神是社会文明进步、事业发展壮大、个人境界提升的重要精神力量。提升精神追求，学习榜样力量，争做大国工匠，努力奉献社会，实现人生价值，这是新时代中职生应有的理想。本任务我们来认识这几种精神、学习这几种精神，努力成为具备这几种精神的优秀时代青年。

任务图志

劳模光荣

劳动光荣

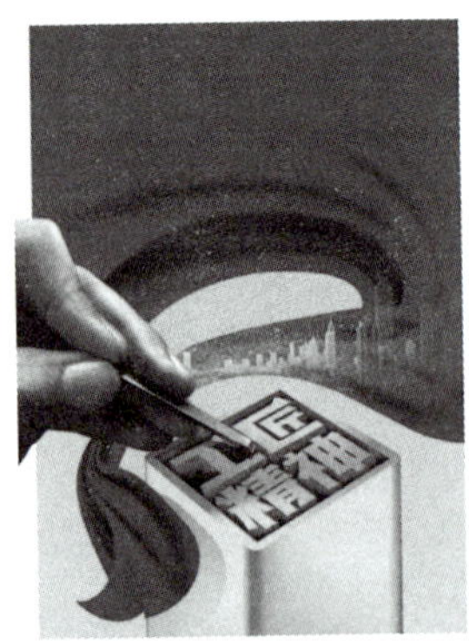
工匠伟大

任务知识

2020 年 11 月 24 日，习近平在全国劳动模范和先进工作者表彰大会上讲话时提出："在长期实践中，我们培育形成了爱岗敬业、争创一流、艰苦奋斗、勇于创新、淡泊名利、甘于奉献的劳模精神，崇尚劳动、热爱劳动、辛勤劳动、诚实劳动的劳动精神，执着专注、精益求精、一丝不苟、追求卓越的工匠精神。劳模精神、劳动精神、工匠精神是以爱国主义为核心的民族精神和以改革创新为核心的时代精神的生动体现，是鼓舞全党全国各族人民风雨无阻、勇敢前进的强大精神动力。"2021 年 9 月，党中央批准了中央宣传部梳理的第一批纳入中国共产党人精神谱系的伟大精神，劳模精神（劳动精神、工匠精神）被纳入。

一、深刻理解劳模精神的内涵

劳模精神，是指"爱岗敬业、争创一流，艰苦奋斗、勇于创新，淡泊名利、甘于奉献"的劳动模范的精神。这个概括指的就是主人翁的责任感和艰苦创业精神、忘我的劳动热情和无私奉献精神、良好的职业道德和爱岗敬业精神，这些集中体现了中国劳动者的先进思想和精神风貌的优秀品质。劳模精神引领时代精神，劳模价值创造社会价值。每一个时代的劳模都有其特点，但无论时代如何变迁，永远不变的是劳模精神的本质。

劳动模范身上体现的"爱岗敬业、争创一流，艰苦奋斗、勇于创新，淡泊名利、甘于奉献"的劳模精神，是伟大时代精神的生动体现。我们既要正确理解这一表述中六个词汇的各自含义，又要从整体上把握劳模精神的科学内涵。总体上看，这一表述一方面道出了劳模之所以能在广大劳动者群体中脱颖而出的根本原因，另一方面也为广大劳动者群体提出了奋斗的目标和方向。在六个词汇中，爱岗敬业是本分，争创一流是追求，艰苦奋斗是作风，勇于创新是使命，淡泊名利是境界，甘于奉献是修为。做一个守本分、有追求、讲作风、担使命、有境界、有修为的人，是每一位劳模的精神风范，更是每一位劳动者应该追求的目标。

二、劳动模范的评选

在社会主义建设事业中成绩卓著的劳动者，经职工民主评选，有关部门审核和政府审批后被授予"劳动模范"荣誉称号。劳动模范分为全国劳动模范与省、部委级劳动模范，有些市、县和大型企业也评选劳动模范。其中"全国劳动模范"是我国最高的荣誉称号，由中共中央、国务院授予。

三、深刻理解劳动精神的内涵

劳动精神是指崇尚劳动、热爱劳动、辛勤劳动、诚实劳动的精神。劳动精神是每一位劳动者为创造美好生活而在劳动过程中秉持的劳动态度、劳动理念及其展现出的劳动精神风貌。在新时代中国特色社会主义伟大实践中，劳动者的劳动精神表现为“劳动光荣、劳动伟大”的劳动理念、“爱岗敬业、争创一流”的劳动态度、“淡泊名利、甘于奉献”的劳动品德、“艰苦奋斗、勇于创新”的劳动习惯。

党的十八大以来，习近平总书记关于劳动和劳动精神的系列重要讲话是我们正确理解劳动精神的重要依据，也是大力弘扬劳动精神的重要参考。劳动是财富的源泉，也是幸福的源泉。人世间的美好梦想，只有通过诚实劳动才能实现；发展中的各种难题，只有通过诚实劳动才能破解；生命里的一切辉煌，只有通过诚实劳动才能铸就。劳动创造了中华民族，造就了中华民族的辉煌历史，也必将创造出中华民族的光明未来。习近平总书记关于劳动和劳动精神的思想为我们正确认识劳动精神的科学内涵指明了方向。全社会都要贯彻尊重劳动、尊重知识、尊重人才、尊重创造的重大方针，维护和发展劳动者的利益，保障劳动者的权利。要坚持社会公平正义，排除阻碍劳动者参与发展、分享发展成果的障碍，努力让劳动者实现体面劳动、全面发展。

四、深刻理解工匠精神的内涵

“工匠精神”本指手艺工人对产品精雕细琢、追求极致的理念，即对生产的每道工序，对产品的每个细节，都精益求精，力求完美。

距今七八千年前的原始社会末期，人类出现了第二次社会大分工，手工业从农业中分离出来，出现了专门从事手工业生产的工匠。有手艺有技术，可称为匠。工匠就是有工艺专长的匠人，是指专注于某一领域、针对这一领域的产品研发或加工过程全身心投入，精益求精、一丝不苟地完成整个工序的每一个环节的人，如木匠、铁匠、石匠、裁缝、厨师、剃头匠、油漆匠等。

2016 年的《政府工作报告》强调，鼓励企业开展个性化定制、柔性化生产，培育精益求精的“工匠精神”。“工匠精神”一词迅速流行开来，成为制造行业的热词。随后，不仅制造行业，各行各业都提倡“工匠精神”。于是，“工匠精神”的使用范围得以扩展，任何行业、任何人“精益求精，力求完美”的精神，都可称“工匠精神”。

工匠精神还包括追求突破、追求革新的创新内蕴。古往今来，热衷于创新和发明的工匠们一直是世界科技进步的重要推动力量。新中国成立初期，我国涌现出一大批优秀的工匠；改革开放以来，“汉字激光照排系统之父”王选，比亚迪（国产新能源汽车龙头企业）公司创始人王传福，从事高铁研制生产的铁路工人和从事特高压、智能电网研究运行的电力工人等都是“工匠精神”的优秀传承者，他们让中国创新重新影响了世界。

五、志愿服务

（一）志愿服务的含义

志愿服务是指为了改善社会、促进社会进步、推动社会福利事业，利用自己的时间、技能、资源、爱心，为社会提供无偿的、非职业化援助的行为。

（二）志愿服务精神

联合国前秘书长科菲·安南指出，志愿服务精神的核心是服务、团结的理想和共同使这个世界变得更加美好的信念。奉献精神是志愿服务精神的精髓，是人文精神的最高级表现形式。我国将志愿服务精神概括为“奉献、友爱、互助、进步”，并冠以“学雷锋志愿服务”主题，赋予其“社会动员、社会保障、社会整合、社会教化、促进社会和谐、促进社会进步”的功能，同时规定开展志愿服务应当遵循自愿、无偿、平等、诚信、合法的原则，不得违背社会公德、损害社会公共利益和他人合法权益，不得危害国家安全。

（三）我国志愿服务的范围

我国志愿服务的范围主要包括扶贫开发、社区建设、环境保护、大型赛会、应急救助、海外服务等。

（四）志愿服务的特征

自愿性、无偿性、公益性、组织性是志愿服务的四大基本特征。

（五）志愿服务组织

志愿服务组织是以开展志愿服务为宗旨的非营利性社会组织，是汇聚社会资源、传递社会关爱、弘扬社会正气的重要载体，是志愿服务主要的提供主体，是志愿服务的中坚力量，是形成向上向善、诚信互助社会风尚的重要力量。个人的力量相对较弱，加入团体组织、整合资源、服务社会公益事业、与志同道合的人士共同成就爱心项目是许多志愿者的心愿，志愿服务组织也因此应运而生。

根据中国社会科学院社会发展战略研究院和社会科学文献出版社联合发布的志愿服务蓝皮书《中国志愿服务发展报告（2022—2023）》，我国注册志愿者已达 2.32 亿，组建了 135 万支志愿服务队伍，实施了文明实践、阳光助残、环境保护、为老服务等多主题的 1127 万个志愿服务项目。志愿服务组织在推进精神文明建设、推动社会治理创新、解决群众实际困难、维护社会和谐稳定等方面发挥了重要作用。

（六）青年志愿者

1. 志愿者的含义

志愿者是不以物质回报为前提，自愿服务社会公益事业，奉献时间、金钱、物质，为有一定需要的弱势群体或公益项目，做力所能及的具有一定专业性、长期性的服务活动的人。

2. 中国青年志愿者服务日

自 1963 年 3 月 5 日毛泽东等老一辈党和国家领导人号召“向雷锋同志学习”以来，3 月 5 日成为社会各界特别是广大青年传统的学雷锋活动日。每年的 3 月 5 日，全国各地都会开展各项“学雷锋、树新风”活动。2000 年，共青团中央、中国青年志愿者协会共同决定把每年的 3 月 5 日作为“中国青年志愿者服务日”，组织青年集中开展内容丰富、形式多样的志愿服务活动。

3. 青年志愿者行动的意义

（1）青年志愿者通过参与志愿服务工作，有机会为社会贡献自身的才学、能力，并在不同的岗位上发挥自身的作用和优势，立足社会需求，在党政关注、群众急需、青年热心的好事和急事上有所作为。

（2）青年志愿者通过实际行动，在社会上倡导团结友爱、助人为乐、见义勇为、无私奉献的新风和正气，弘扬爱国主义、集体主义和社会主义精神，促进社会风气的进一步好转。

（3）青年志愿者通过服务社会、帮助他人的行动过程，树立适应社会主义市场经济发展要求的社会公德意识和责任、义务观念，提高自己的思想道德修养和科学文化素质。

（4）青年志愿者利用空余时间，参与不同形式、有意义的志愿服务工作和活动，能接触更多的新事物、新观念；同时还可以通过服务活动，亲身体验和接触社会不同层次和领域的人和事，加深对社会的认识。

（七）申请志愿者的流程

为加强志愿者管理、规范志愿服务活动，我国采取志愿者注册制度。在我国申请成为一名志愿者的流程如下。

（1）由本人向所在学校的青年志愿者组织（团组织或志愿者组织）提出申请、登记，并填写必要的表格，写明自己的姓名、年龄、特长、职业及可参加活动的内容、时间等基本情况，进行审核注册。

（2）志愿者组织在确认申请人具备青年志愿者的条件后，提出审核批准意见并通知本人。

（3）批准后，领取志愿者徽章和服务证，成为一名正式的志愿者。

（4）经过本人申请并审核合格的青年志愿者，必须服从志愿者组织或青年志愿者服务站的安排，并切实履行青年志愿者的义务。

（八）中职生可以参与的志愿服务活动

中职生要参与志愿服务活动、寻找志愿服务组织，可以通过学校团委加入志愿服务队奉献青春力量。中职生可以参加的志愿服务活动主要包括以下几项。

（1）公共环境卫生与环境保护服务。

（2）各类宣传服务。

（3）公益植树活动。

（4）节日志愿服务。

（5）文明交通执勤。

（6）大型赛会服务。

（7）技能兴趣社团服务。

（8）社区服务。

（9）福利院服务。

（10）社会应急服务。

六、中国共产主义青年团

中国共产主义青年团是中国共产党领导的先进青年的群团组织，受中国共产党中央委员会管辖；同时，受中国共产党的委托领导中国少年先锋队的工作，指导中华全国学生联合会开展工作。

中国共产主义青年团团旗旗面为红色，象征革命胜利；左上角缀黄色五角星，周围环绕黄色圆圈，象征中国青年一代紧密团结在中国共产党周围。团旗为长方形，其长与宽之比为 3 ∶ 2。团员的年龄为 14 周岁至 28 周岁。

中国共产主义青年团为党培养、输送了大批新生力量和工作骨干。共青团加强思想政治工作，把思想政治工作贯穿所开展的全部工作；带领青年在经济社会发展中发挥主力军和突击队作用；贯彻党管青年原则，充分发挥党联系青年的桥梁和纽带作用，为党做好青年群众工作；高举爱国主义旗帜，坚决维护和发展全国各族青年之间的平等、团结、互助和谐；为把中国建设成为富强民主文明和谐美丽的社会主义现代化强国、为最终实现共产主义而奋斗。

活动1 践行劳模精神，敢于追求卓越

通过阅读劳动模范的先进事迹，中职生能够深刻认识到劳动的价值，焕发劳动热情，从而树立正确的劳动观念，在内心深处积淀起坚韧不拔、勇于奉献的劳动精神。同时，这些劳动模范的敬业精神和高尚品德，也将成为中职生感知爱岗敬业的生动教材，激励他们在未来的职业生涯中，以更加饱满的热情和更加坚定的信念，投身到各项工作中去，为实现个人价值和社会进步贡献自己的力量。

活动目标

1. 理解劳模精神的内涵。
2. 通过自主阅读或观看视频，了解劳动模范事迹。
3. 通过调研访谈，理解如何践行劳模精神。
4. 能说出一些劳动模范的事迹，并就其发表自己的看法。

活动过程

1. 阅读下列劳动模范的事迹，谈谈你的感想。

钢铁劳模孟泰

解放之初的东北，可谓百废待兴。1948年11月，孟泰重回鞍山钢铁厂，而此时的鞍钢因饱经战乱，已经是残破不全了。但是孟泰丝毫没有退缩，他爱厂如家，艰苦创业。他冒着严寒，刨冻雪抠备件，迎着臭气，扒废铁堆找原材料。每天泥一把、油一身、汗一脸，拣回一根根铁线、一颗颗螺丝钉、一件件备品。

被周总理亲切接见的时传祥

1915年出生在山东省齐河县赵官镇大胡庄的时传祥，15岁逃荒流落到北京城郊，受生活所迫当了掏粪工，在“粪霸”手下干了20年，受尽了欺凌。新中国成立后，党的阳光照耀了掏粪工人的生活，也照亮了时传祥的心，他决心用自己的双手，为首都的干净美丽作出贡献。就这样，在新中国成立后的十七八年里，他以“宁肯一人脏，换来万家净”的精神，无冬无夏、挨家挨户地为首都群众掏粪扫污。

一团火服务精神的张秉贵

张秉贵，全国著名劳动模范。他在普普通通的售货员岗位上，练就了一抓准、一

口清的技艺，并凭借一团火的服务精神，成为新中国商业领域的一面旗帜。1955 年，新建立的北京百货大楼开张营业，36 岁的张秉贵凭丰富的经商经验被破格录取，而他精湛的技术，热情的服务，也感动了万千的人。

平凡之中见伟大的李素丽

李素丽，一名平凡的北京市公交总公司第一运营分公司 21 路公共汽车售票员。自 1981 年参加工作以来，她十几年如一日，在平凡的岗位上，把“全心全意为人民服务”牢记心间并贯彻到实际行动中，被誉为“老人的拐杖，盲人的眼镜，外地人的向导，病人的护士，群众的贴心人”。

七十年航空报国的科学家顾诵芬

顾诵芬，我国飞机空气动力设计奠基人。他在 7 岁时，曾目睹日本的轰炸机从头顶飞过，于是从小就立下了“保卫中国的蓝天”的志愿。高中毕业时，他分别报考了浙江大学、清华大学、上海交通大学。三所大学填报的都是航空专业。结果，顾诵芬被三所大学同时录取。最终，他选择了上海交通大学。毕业后，他就投入了祖国航空事业的建设当中。1967 年，顾诵芬担任歼 -8 战斗机的总设计师。没有经过专业训练的他，瞒着爱人亲自坐上飞机上天观测。顾诵芬被评为“感动中国 2021 年度人物”，组委会给他的颁奖辞是：“像静水深流，静水里涌动报国的火，似大象无形，无形中深藏着强国梦。心无旁骛，一步一个脚印，志在冲天。振长策，击长空，诵君子清芬。”

守护高原人民健康的老院士吴天一

1958 年，吴天一跟随部队来到了青海。那时，大量来支援高原建设的人患上了高原病，一位患者饱受折磨痛苦离世的模样，让他深受触动……于是，他开始了长达 60 多年的高原病学研究。当时中国的这项研究，还是一片空白。2001 年，青藏铁路修建，吴天一担任医学专家组组长。5 年里，14 万筑路大军无一因高原病死亡，这是吴天一和医疗团队用毕生的心血创造出的医学奇迹。吴天一被评为“感动中国 2021 年度人物”，组委会给他的颁奖辞是：“喝一口烧不开的水，咽一口化不开的糌粑，封存舍不下的亲情，是因为心里有放不下的梦。缺氧气，不缺志气！海拔高，目标更高。在高原上，你守望一条路，开辟了一条路。”

长津湖战役幸存志愿军战士“中国保尔”朱彦夫

朱彦夫——当代中国的“保尔·柯察金”，他参加了抗美援朝的长津湖战役，是他所在连的唯一幸存者。经过 47 次手术、93 天的昏迷，朱彦夫失去了双手和双脚，没有了左眼，右眼视力仅剩 0.3。但他不想躺在功劳簿上度过一生。他回到家乡，用残肢夹着粉笔，教乡亲们认字；他拄着拐、拖着假肢，一步一步带领村民们走向致富之路。60 岁时，他执笔写下《极限人生》，将他和曾经战友的故事展现给了世人……朱彦夫被评为“感动中国 2021 年度人物”，组委会给他的颁奖辞是：“生命，于你不止一次，士兵，于你不只是经历。没有屈服长津湖的冰雪，也没有向困苦低头。与自己抗争，向贫穷宣战。一直在战斗，一生都在坚守，人的生命，应当像你这样度过。”

中国核动力事业奠基人彭士禄

彭士禄 4 岁成为孤儿，8 岁被国民党当局抓进监狱，受尽拷打。从苏联留学归来，他决心投身祖国核动力事业。他隐姓埋名，为祖国造核潜艇、建核电站。生前他常说：“是人民将我养大，我几辈子都还不了，只要祖国需要，我愿贡献一切。”彭士禄被评为“感动中国 2021 年度人物”，组委会给他的颁奖辞是：“历经磨难，初心不改。在深山中倾听，于花甲年重启。两代人为理想澎湃，一辈子为国家深潜。你，如同你的作品，无声无息，但蕴含巨大的威力。”

江海意无穷的陈贝儿

陈贝儿，40 岁，香港出生，在传媒行业工作近 20 年。2021 年初，香港电视广播有限公司策划制作 12 集脱贫攻坚主题纪录片《无穷之路》，陈贝儿和拍摄团队赴贵州、四川、云南、广西、宁夏、海南等六个省（区）实地拍摄采访。在历时三个月的拍摄时间中，陈贝儿和拍摄团队跨越 14 个曾经处于深度贫困的地区，“沉浸式”体验当地居民生活。纪录片体现了国家扶贫工作为当地带来的翻天覆地的变化，深刻诠释了中国共产党“以人民为中心”的发展思想，拉近了内地和香港同胞的心灵距离，为香港融入国家发展注入了更强信心和动力。陈贝儿被评为“感动中国 2021 年度人物”，组委会给他的颁奖辞是：“从霓虹灯的丛林中转身，让双脚沾满泥土。从雨林到沙漠，借溜索穿过偏见，用钢梯超越了怀疑。一条无穷之路，向世界传递同胞的笑容，你记录这时代最美的风景。”

无声玉满堂的江梦南

江梦南，女，瑶族，清华大学生物信息学专业博士研究生。半岁时，江梦南因服用药物失聪。开始学说话的时候，从字、词到日常用语，她对着镜子学口型、摸着父母的喉咙学发音，通过读唇语学会了“听”和“说”。从小到大，凭借优异的学习成绩，她成为家乡小镇上近年来唯一考上重点大学，最终到清华念博士的学生。江梦南就读生物信息学专业，她的目标始终是明确的，那就是解决生命健康的难题。江梦南被评为“感动中国 2021 年度人物”，组委会给她的颁奖辞是：“你觉得，你和我们一样，我们觉得，是的，但你又那么不同寻常。从无声里突围，你心中有嘹亮的号角。新时代里，你有更坚定的方向。先飞的鸟，一定想飞得更远。迟开的你，也鲜花般怒放。”

2. 通过自主阅读或观看视频，了解更多劳动模范事迹，理解劳模精神的内涵并将其写下来。

3. 摘抄一些劳动模范语录，分析他们的志向和追求并谈谈你的感受。

4. 邀请劳动模范或行业先进人物代表进校园，举行专场报告会，通过行业先进人物代表的亲身讲述感悟劳动心得，并记录下你的感想。

5. 开展针对劳动模范的访谈交流活动，理解如何培育劳模并记录下来。

6. 主动查找本专业领域的劳动模范，或本学校的劳动模范典型，学习并分享他们的事迹。

活动 2 积淀劳动精神，感知爱岗敬业

通过聆听那些关于辛勤劳动、不懈奋斗的真实故事，深刻感受劳动的伟大与崇高。这些故事中的主人公们，不论是平凡岗位上的工人，还是取得卓越成就的行业精英，都以自己的实际行动诠释了劳动精神的内涵，让我们认识到劳动是创造美好生活的源泉，是实现个人价值和社会价值的必由之路。

在身边，不论是家庭中的日常劳作，还是学校、社区中的志愿服务活动，都可以从中看到劳动者的身影，感受到劳动的价值。

活动目标

1. 理解劳动精神内涵。
2. 了解劳动精神的具体体现。
3. 理解如何践行劳动精神。
4. 分享对劳动精神的见解。

活动过程

1. 通过自主阅读或查找资料，了解劳动精神的具体体现，理解劳动精神的深刻内涵，并记录下来。

2. 收集一些体现劳动精神的故事，与同学们分享，写下故事大意。

3. 观看体现劳动精神的视频，并记录下你的感想。

4. 找一找你身边能够体现劳动精神的事例，说说为什么这些事例能够体现劳动精神。

5. 参考下列参观蒋巷村的活动过程，制订一份你的体验劳动精神活动方案。

参观村史馆

1. 活动描述

"十亩之间兮，桑者闲闲兮，行与子还兮；十亩之外兮，桑者泄泄兮，行与子逝兮。"《诗经·国风·魏风·十亩之间》用轻快的劳动歌谣，描写了古代劳动人民的生活场景。广袤的乡土孕育了中华优秀传统文化。在中国的乡村，乡村振兴正让山林绿野、田间地头、农家院不断发生着变化。就让我们从（云）参观村史馆开始，观察人们与自然相依相生，用双手创造幸福生活的历程，涵养劳动光荣、创造伟大的情怀。

本活动以参观江苏省常熟市蒋巷村为例见证劳动创造历史的伟大奇迹。

2. 活动目标

（1）从一个村的发展中了解乡土中国的基本情况。

（2）在参观过程中感受劳动实现乡村振兴的成就，见证劳动创造历史的伟大奇迹。

（3）感悟双手创造幸福生活，培养尊重劳动、自觉劳动的情感。

（4）利用事先准备好的素材，动手做一件可以就地取材的手工艺品，可以是筐篮、草帽、柳笛、盆景、泥塑……

3. 安全提示

（1）事先了解行程和天气情况。

（2）听从引导和指挥，不脱离团队。

（3）入乡随俗，文明礼貌，掌握现场注意事项。

（4）有事请假，说明具体情况，获得准许再离开。

（5）不随意触碰展品，不擅自改变参观场所物品位置。

4. 活动过程

（1）了解蒋巷村发展情况。

2010 年前，蒋巷村还是江苏远近闻名的贫困村。现如今，村民家家都有花园别墅（图 4-1），还有 150 套公寓供村里老年人免费入住，村民家中的电话、数字电视、有线广播、气化灶具、卫生洁具等安装建设均由集体投资，居住区的绿化覆盖率超过 50%。2019 年 7 月 28 日，蒋巷村入选首批全国乡村旅游重点村名单。村党委以坚韧不拔的毅力和全心全意为人民服务的宗旨，带领党员干部、村民员工，团结拼搏、务实创新、艰苦奋斗、敬业奉献，坚持社会主义方向，实现了强村富民、共同富裕，成为新农村建设的典型。

图 4-1　蒋巷村花园别墅

村史馆里既有 20 世纪六七十年代蒋巷村穷困的景象；又有八九十年代全村村民大搞工业，努力奋斗的艰辛历程；还有经过拼搏进取，蒋巷村所取得不计其数的荣誉和成果的成功展示；更有对蒋巷村美好蓝图的激情描绘。

近年来，党和国家高度重视“三农”发展，大力实施乡村振兴，像这样以劳动创造村史的乡村典型在全中国星光闪耀。

（2）事先做好沟通，制订好行动方案，包括参观活动的一般规定，事先联系被参观单位，沟通是否需要购票。团队参观要有负责人，确定参观时间、人员、流程、预期结果，表达在哪方面有所期待，如希望有讲解，或者希望哪方面人员陪同等。

（3）按规定时间集合，说明参观活动注意事项和要求。集体行动，不擅自离队；不随意触碰物品，不私自到未开放展区；不随意扔垃圾，不喧哗，文明礼貌。

（4）跟随讲解员依次参观，依规拍照，最后合影留念。合影留念的时候，集合要快，避免出现让很多人等待一两人的情况。要听从指挥，让每个人露出头脸。要将中心位置留给领导、老师、德高望重的人。可以邀请村里领导、讲解员等一起拍照。拍照注意取景要体现活动主题，避免无关人物“抢镜”。

（5）自我理解。到蒋巷村，讲解人员可能会介绍“四个千万”的劳动精神，即“千言万语”“千山万水”“千方百计”“千辛万苦”，说说你的理解。

6. 活动提升。

民间手工艺品既是劳动人民的生产生活物资，也是优秀传统文化的物质传承，凝结了劳动人民的智慧。在条件允许的情况下，准备素材，体验劳动创造生产生活用品，在技师或老师的指导下，试试做手工编织。

有些村史馆在参观的同时提供手工编织或者其他劳动产品的体验项目，按要求参与体验制作即可。如果参观地没有设置此类项目，可以通过参加手工艺社团、第二课堂活动来试着做一做。网上也有许多指导视频。

（1）说一说你知道的农村手工艺原材料。

（2）拍一拍你见到过的天然器皿或自然材料稍经加工制成的实用器物。

（3）试一试自己学做一件手工艺品。

活动 3 培育工匠精神，力求精益求精

通过学习工匠精神的事迹，中职生能深刻认识到精益求精、追求卓越的重要性，以及耐心、专注、坚持对于职业发展的关键作用。这些实例不仅展现了工匠们对技艺的极致追求和对产品的无限热爱，还传递了一种对待工作严谨认真、不断创新的态度。中职生从中可以领悟到，无论未来从事何种职业，都应将工匠精神内化于心、外化于行，努力成为各自领域的佼佼者，为社会创造更多价值。同时，这也将激励他们不断提升自我，勇于面对挑战，追求卓越，实现个人与社会的共同进步。

活动目标

1. 深刻理解工匠精神的内涵。
2. 通过自主阅读或观看视频，了解大国工匠事迹。
3. 通过调研访谈，理解如何培育精益求精的工匠精神。
4. 能说出一些大国工匠的事迹，并就此发表自己的看法。

活动过程

1. 通过自主阅读或观看视频，了解大国工匠事迹，深刻理解工匠精神的内涵并记录下来。

2. 摘抄大国工匠语录，分析他们的志向和追求，并谈谈自己的感受。

3. 开展针对大国工匠的访谈交流活动，理解如何培育精益求精的工匠品质并记录下来。

4. 校企共建相关专业领域劳模、工匠创新工作室，引导学生增强对一线劳动者的理解与认同，强化劳动信念，铭记新时代劳模所追求的爱岗敬业、争创一流、艰苦奋斗、勇于创新、淡泊名利、甘于奉献的精神，传承执着坚守、精益求精、专业专注、追求极致、一丝不苟的工匠精神。参照这个思路，做一份活动方案。

5. 阅读下面的材料，体会精益求精的追求，自主学习中国结的制作过程，将制作过程写下来，并根据学习到的制作过程制作一件中国结成品。

中国结的历史和寓意

中国结是中国特有的手工编织工艺品，其特点是每一个结从头到尾都是使用一根丝绳通过结、穿、绕、缠、编、抽等技艺完成，造型艺术、色彩艳丽、寓意吉祥，显示出中华文明的精致与智慧。它的历史可以追溯至旧石器时代的缝衣打结，后发展至汉朝的礼仪记事，唐宋时期作为装饰品使用，至清朝流传于民间，再逐渐发展演变成为广泛的装饰手工艺术。

中国结的结饰形状不同，寓意也不同。同心结寓意着恩爱情深、永结同心；福字结寓意着福气满堂、神星高照；双喜结寓意着喜上加喜，双喜临门；鱼结寓意着年年有余、吉庆安康；团锦结寓意着花团锦簇、前程似锦；团圆结寓意着团圆美满；双全结寓意着儿女双全；双蝶结寓意着比翼双飞；平安结寓意着一生如意、岁岁平安；吉祥结寓意着吉祥如意、祈保平安。另外，中国结代表着中华民族的传统文化，有着独特的中国色彩，充分体现了中国人民的智慧。每一种中国结都象征着人们的美好祝福和心愿，体现了人们对真善美的追求和渴望。

6. 主动查找本专业领域的大国工匠，学习并分享他们的事迹。

活动 4　弘扬志愿服务精神，投身志愿服务

参与志愿活动是中职生展现自己无私奉献精神与强烈担当意识的重要途径。在每一次志愿服务中，都需要不求回报地投入时间与精力，以实际行动传递爱心与温暖。通过参与志愿活动，在团队协作中理解责任与奉献的真谛，为未来的职业生涯奠定坚实的基础。

活动目标

1. 增进对关爱未成年人志愿服务活动的认知。
2. 增强奉献精神、担当意识。
3. 了解民生民情。
4. 投身志愿服务，服务社会。

活动过程

1. 了解本地、本校实际情况，与老师共同研究一个志愿服务项目或参与一次志愿服务活动，写出活动方案。

2. 学习下列活动安全提示并继续完善安全及注意事项。

（1）着装轻便，注意天气情况。

（2）提前了解志愿服务所需的准备工作，集体行动，不擅自改变活动内容。

（3）文明礼貌，避免误解和冲突。

（4）不损坏活动场所的物品，不给活动场所带来管理负担。

3. 参考下面的太阳村支教活动，自主设计一个志愿服务活动。

太阳村支教活动

1. 了解活动内容与要求

太阳村是关爱父母服刑、暂时无人照看的未成年人的慈善组织。太阳村有专门的管理校长和老师，孩子们各年龄段都有，集体寄宿在太阳村生活，适龄的就近上学，将太阳村看作他们暂时的“家”。父母服刑结束后，孩子们再回到自己的家中。志愿者可以在六一儿童节等节日期间慰问及陪孩子们做文娱活动。平时也可以到太阳村辅导孩子们做作业、陪孩子们玩耍、做心理辅导等。在开展活动前要与活动对象负责人沟通活动的具体内容。

2. 确定活动流程与准备工作

根据活动内容与要求，确定参与的人员、具体的抵达时间、时长、活动流程、车辆等后勤保障、慰问品如何发放等。需要发言或者组织孩子们参与活动的，要做适当的发言稿准备，要做好彩排。

3. 按时抵达社区

对于提前沟通好的活动，对方一般会迎接，因此一定要准时到达，不要让人久等。要将路上可能遇到的情况提前考虑周全，以免延误时间或出现其他状况。会面时再次确认活动的主要流程，做好对接。

4. 开展集体服务活动

按照方案开展活动，注意根据现场情况保有一定的灵活度。志愿服务活动虽然是献爱心、送温暖，但一定要注意对方的感受和心情，以及所处的环境和状况，注意调整自己积极阳光的心态和健康和谐的心理，千万不能有优越感、施舍者的姿态。要蹲下身来和孩子们平等交流，暖心关爱。遇有突发情况，冷静从容对待，用真诚的态度获得理解和支持。

5. 组织安全返程

按制订的计划，按顺序上车返程。

6. 进行活动的总结与反思

活动结束后，进行简短的总结与反思，交流活动收获和下一步改进建议。

4. 活动提升。

未成年人是祖国的希望与未来，然而由于残疾、父母离异、家庭变故、危机事件致身心受挫等各种原因，很多未成年人缺少帮助和关爱。留守儿童、孤儿、特教学生，这些特殊群体需要更多组织或志愿者的持续帮助。调查关爱未成年人的志愿服务组织有哪些，开展过哪些活动，主要服务对象、服务内容是什么，如何加入。

活动5 任务评价

活动目标

1. 能对照任务目标完成自我评价。
2. 能根据分组或独立学习情况，选派代表进行任务完成情况的说明与总结。
3. 能根据任务完成情况，正确、全面地进行任务总结。
4. 能对学习与工作进行总结反思，能与他人进行有效的沟通和良好的合作。

活动过程

1. 自我总结：简述个人在小组中的任务，小组代表展示任务完成情况。

2. 自我提升：根据任务完成情况，分析学习过程中的不足之处及其原因，并思考如何改进，填入表4-1中。

表4-1　自我提升分析

活动	工作内容	不足之处	原因分析	改进意见
1				
2				
3				
4				

3. 按要求完成任务评价表（表 4-2）。

表 4-2 任务评价表

<table>
<tr><td>任务名称</td><td colspan="6"></td></tr>
<tr><td>定量评价</td><td colspan="2">个人自评（10%）/ 分</td><td colspan="2">小组评价（30%）/ 分</td><td colspan="2">指导教师评价（60%）/ 分</td></tr>
<tr><td>活动综合评价（80 分）</td><td colspan="2"></td><td colspan="2"></td><td colspan="2"></td></tr>
<tr><td>劳动安全文明（20 分）</td><td colspan="2"></td><td colspan="2"></td><td colspan="2"></td></tr>
<tr><td>小计</td><td colspan="2"></td><td colspan="2"></td><td colspan="2"></td></tr>
<tr><td>最终结果</td><td>定量（分）</td><td colspan="2"></td><td colspan="2">定性（星级）</td><td></td></tr>
<tr><td>个人小结（看了什么、说了什么、学了什么、做了什么、体验了什么、收获了什么、创造了什么、创新了什么）</td><td colspan="6"></td></tr>
</table>

第三篇 体验社会生产生活

“人生在勤，勤则不匮。”幸福不会从天降，美好生活靠劳动创造。全面建成小康社会的奋斗目标，为广大劳动群众指明了光明的未来；全面建成小康社会的历史任务，为广大劳动群众赋予了光荣的使命；全面建成小康社会的伟大征程，为广大劳动群众提供了宝贵的机遇。面对这样一个千帆竞发、百舸争流、有机会干事业、能干成事业的时代，广大劳动群众一定要倍加珍惜、倍加努力。

——2016年4月26日，习近平在知识分子、劳动模范、青年代表座谈会上的讲话

任务 5 躬行研学实践

任务目标

1. 体验社会生产生活。
2. 了解职业劳动的主要内容。
3. 增进对职场生活的感性认识和心理准备。
4. 发挥专业所长，参与社区治理和乡村建设。
5. 理解企业管理和企业文化。
6. 丰富专业相关社会实践。

任务描述

中职教育是面向就业的教育。中职院校结合专业特点开展劳动教育，能够增强学生职业荣誉感和责任感，提高职业劳动技能水平，培养积极向上的劳动精神和认真负责的劳动态度。

参观走访生产劳动现场（根据学校校企合作单位情况选择），增加对真实劳动环境的感知，可以帮助学生做好入职前的心理准备，是中职生完成从在校生向职业人转变的重要过渡。

本任务将带领学生认识职业劳动，走进生产劳动现场，感受工作氛围，体验劳动成就，认识职业劳动的专业性与文化传承，引导学生认识社会，强化责任意识，体会社会主义社会平等、和谐的新型劳动关系；以动手实践为主要方式，引导学生在认识世界的基础上，学会融入世界，塑造自己，实现树德、增智、强体、育美的目的；让学生通过实地参观走访，了解行业发展现状，接触社会生产生活，反思自身优势与不足，进一步调整发展目标，动态调整职业生涯规划。

任务图志

农业基地研学活动

到非遗传统基地研学

到综合实践基地研学

中职生集体研学活动

任务知识

一、什么是研学实践

研学实践一般是指研学旅行，也称为研学实践教育，是通过集体旅行、集中食宿方式开展的校外教育活动，让学生在与平常不同的生活中拓宽视野、丰富知识，加深学生与自然和文化的亲近感，培养学生的自理能力、创新精神和实践能力。

本任务中提到的研学实践更关注有利于中职生成长、学习的研学实践活动，主要是指由教育部门和学校组织的学生集体活动，主要目的是促进学生研究性学习和实践体验。通过体验社会生产生活、了解职业劳动内容、开展社会实践活动等，增加对社会生产生活的认知，丰富社会生活和职业生活体验，为未来从事职业工作奠定基础。

二、开展研学实践的意义

参加研学实践活动可以开阔视野、增长见识、提升技能，同时体验与同伴集体参加实践活动的乐趣；有助于培养社会责任感和集体荣誉感，加深对自然、社会、文化的理解。研学实践的作用是校内学习无法替代的。

三、到企业实习

到企业实习，根本任务是了解企业环境，感受职业劳动，观看企业生产过程，了解企业文化，做好从业前的岗位认知。

实习过程中要遵守实习单位和学校的各项规章制度，遇到问题及时与实习指导教师取得联系，做好沟通，妥善处理。

实习前要购买意外保险，签订实习协议。

实习结束要做总结报告。主要内容包括实习期间的基本情况、培训情况，实习期间从事的主要工作及主要的收获和感受、对行业的认识、对实习安排的评价和建议等。

四、参与社区服务

社区是指聚居在一定地域范围内的人们所组成的社会生活共同体。目前，我国城市社区的范围一般是指经过社区体制改革后做了规模调整的居民委员会辖区。

社区的一个重要特性是它的群体性和文化性。社区工作不仅仅是处理社区基层日常的事务和问题，更重要的是要深入了解居民的需求和期望，以及有效地调动社区资源来服务居民。社区工作需要情感上贴近居民、工作上依靠居民、发展上服务群众，切实为居民群众做实事、办好事、解难事。在这个过程中，社区工作者需要具备较高的素质，以便更好地与居民沟通和交流。

很多人生活在社区中，享受社区服务，因此也有义务为社区环境和社区文化做贡献。

五、参加“三下乡”活动

“三下乡”活动是指文化、科技、卫生“三下乡”。为了促进农村文化建设，改善农村社会风气，密切党群、干群关系，大力推进农村精神文明建设，满足广大农民的精神文化生活需求，1996 年 12 月，中央宣传部、国家科委、农业部、文化部等十部委联合下发了《关于开展文化科技卫生“三下乡”活动的通知》，并从 1997 年开始正式实施。

通过“三下乡”活动，国家把发展经济、建设小康社会和扶贫攻坚结合起来，为农村中心工作服务，为农民致富服务；把集中活动与经常工作结合起来，抓好集中活动，发挥示范作用，做好日常工作，满足农民需要；把面上活动与雪中送炭结合起来，突出工作重点，着重帮助贫困地区的农民；通过“三下乡”活动，引导农民解放思想，更新观念，提高素质，增强致富能力；通过“三下乡”活动，使各部门的业务工作结合起来，服务农民，锻炼队伍，推动部门工作，加强自身建设；培育农村文化市场，制定政策措施，多渠道、多形式，引导扶持农村文化科技卫生事业的繁荣发展。

“三下乡”活动起着重要的示范和带动作用，如星星之火，可以燎原。

在“三下乡”活动中，中职生也是其中重要的力量。他们参与农业生产劳动，帮助美化乡村，传播科技与知识，开展扶困助学活动，进行反诈宣传，发挥技能优势服务农村居民，受到了热烈欢迎。

六、参观国家级高技能人才培训基地

国家级高技能人才培训基地的基本功能主要有以下几项。

（1）强化技能训练，完成技能考核。

（2）产教紧密结合，实施技能培训服务。

（3）辐射周边地区，实现实训基地资源共享。

（4）教学科研创新，挖掘实训基地科研开发。

国家级高技能人才培训基地建设全面贯彻科学发展观，以就业为导向，走校企合作发展道路，与企业在员工培训、高技能人才培训与职业技能鉴定（认定）、学制教育“订单办班”、毕业生就业和招聘等方面都有良好的合作。国家级高技能人才培训基地已基本成为其所在院校每年承办各类省级、市级、区级学生、职工技能大赛，开展各类社会培训与服务的重要阵地。

七、我国法律、法规对未成年人的保护

（一）《禁止使用童工规定》

为保护未成年人的身心健康，促进义务教育制度的实施，维护未成年人的合法权益，根据宪法和劳动法、未成年人保护法，国家制定了《禁止使用童工规定》。

《禁止使用童工规定》第二条规定：“国家机关、社会团体、企业事业单位、民办非企业单位或者个体工商户（以下统称用人单位）均不得招用不满16周岁的未成年人（招用不满16周岁的未成年人，以下统称使用童工）。

禁止任何单位或者个人为不满16周岁的未成年人介绍就业。

禁止不满16周岁的未成年人开业从事个体经营活动。”

第三条规定：“不满16周岁的未成年人的父母或者其他监护人应当保护其身心健康，保障其接受义务教育的权利，不得允许其被用人单位非法招用。

不满16周岁的未成年人的父母或者其他监护人允许其被用人单位非法招用的，所在地的乡（镇）人民政府、城市街道办事处以及村民委员会、居民委员会应当给予批评教育。”

第十三条规定：“文艺、体育单位经未成年人的父母或者其他监护人同意，可以招用不满16周岁的专业文艺工作者、运动员。用人单位应当保障被招用的不满16周岁的未成年人的身心健康，保障其接受义务教育的权利。文艺、体育单位招用不满16周岁的专业文艺工作者、运动员的办法，由国务院劳动保障行政部门会同国务院文化、体育行政部门制定。

学校、其他教育机构以及职业培训机构按照国家有关规定组织不满16周岁的未成

年人进行不影响其人身安全和身心健康的教育实践劳动、职业技能培训劳动，不属于使用童工。”

（二）《未成年工特殊保护规定》

为维护未成年工的合法权益，保护其在生产劳动中的健康，根据《中华人民共和国劳动法》的有关规定，我国制定了《未成年工特殊保护规定》。

《未成年工特殊保护规定》第二条规定：“未成年工是指年满十六周岁，未满十八周岁的劳动者。

未成年工的特殊保护是针对未成年工处于生长发育期的特点，以及接受义务教育的需要，采取的特殊劳动保护措施。”

第三条规定：“用人单位不得安排未成年工从事以下范围的劳动：

（一）《生产性粉尘作业危害程度分级》国家标准中第一级以上的接尘作业；

（二）《有毒作业分级》国家标准中第一级以上的有毒作业；

（三）《高处作业分级》国家标准中第二级以上的高处作业；

（四）《冷水作业分级》国家标准中第二级以上的冷水作业；

（五）《高温作业分级》国家标准中第三级以上的高温作业；

（六）《低温作业分级》国家标准中第三级以上的低温作业；

（七）《体力劳动强度分级》国家标准中第四级体力劳动强度的作业；

（八）矿山井下及矿山地面采石作业；

（九）森林业中的伐木、流放及守林作业；

（十）工作场所接触放射性物质的作业；

（十一）有易燃易爆、化学性烧伤和热烧伤等危险性大的作业；

（十二）地质勘探和资源勘探的野外作业；

（十三）潜水、涵洞、涵道作业和海拔三千米以上的高原作业（不包括世居高原者）；

（十四）连续负重每小时在六次以上并每次超过 20 公斤，间断负重每次超过 25 公斤的作业；

（十五）使用凿岩机、捣固机、气镐、气铲、铆钉机、电锤的作业；

（十六）工作中需要长时间保持低头、弯腰、上举、下蹲等强迫体位和动作频率每分钟大于五十次的流水线作业；

（十七）锅炉司炉。”

活动1 加入专业研学活动

参与专业研学活动，是提升职业劳动素养、锤炼工匠精神的关键路径。在这一过程中，中职生不仅能够将理论知识与实际操作紧密结合，深化对专业技能的理解与掌握，更能在实践中培养精益求精的工匠精神，形成对职业的敬畏之心与热爱之情，展现出爱岗敬业的劳动态度。

同时，专业研学活动作为团队协作的舞台，能够极大地促进中职生之间的沟通与协作。通过共同参与项目、解决难题，学生可学会倾听他人意见、尊重团队决策，从而增强团结合作意识，为将来步入社会、融入集体奠定坚实的基础。

活动目标

1. 认识参加研学活动对于认识社会和进行实践锻炼的重要意义。
2. 增强团队合作意识与社会责任感。
3. 提升职业劳动素养，培养精益求精的工匠精神和爱岗敬业的劳动态度。
4. 增加社会阅历，发展专业技能。
5. 促进自我认知，明确努力方向。

活动过程

1. 阅读相关资料，认识参加研学活动对于认识社会和进行实践锻炼的重要意义并记录下来。

2. 查阅相关资料，了解专业研学实践活动的一般流程和要求并记录下来。

3. 在老师指导下对接本地本校资源或外地项目，协助老师制作一份研学项目活动方案。

4. 开展研学实践活动。

（1）活动目标：

① 展现中职学校风采，为中职教育做好宣传。

② 进一步深化理解研学意义。

③ 设计周密的研学方案。

④ 推动外界对职业教育的认知转变。

⑤ 培养合作、交流、沟通能力。

（2）活动安全提示：

① 正确安全地使用劳动工具。

② 穿好工装，戴好口罩。

③ 清扫，整理，清洁，保证研学活动顺畅开展。

（3）活动注意事项：

① 物资准备，如扩音器、条幅、旗子等。

② 了解必要的文化知识，提前做好准备。

③ 职业体验准备，根据专业不同，研学会安排各具特色的体验活动。

④ 服从指挥，听从安排，互相照应。

（4）活动总结：善始善终做好研学活动。活动结束后做好反思总结，写一则活动日记。

5. 活动回顾：回顾自己在研学过程中的学习成果，客观评价自己的表现，分析今后有哪些需要进一步提升完善的地方。

6. 分组分享表现突出同学的优异表现，谈谈自己的看法和努力方向。

7. 写一则研学日记。

活动 2　进行企业实习体验

中职生通过深入企业实习，能够亲身体验职场环境，将课堂所学知识与实际工作紧密结合，为未来的顶岗实习和职业生涯奠定坚实的实践基础；同时，这一过程也是他们提前适应职场规则、培养职业素养、提升专业技能的宝贵机会。在实习中，学生将学会如何与同事有效沟通、如何高效完成任务、如何面对并解决工作中遇到的问题，这些经历都将为他们日后正式步入职场、承担更多责任与挑战做好铺垫。因此，企业实习生活对于中职生而言，是连接校园与社会的桥梁，是开启职业生涯的重要一步。

活动目标

1. 了解本专业企业实习的主要内容。
2. 提前了解企业文化、企业管理等基本内容。
3. 能根据要求顺利完成实习生活体验活动。
4. 掌握相关技能，为未来顶岗实习和实际工作奠定基础。

活动过程

1. 向老师了解本专业实习的时间安排，以及主要实习内容、注意事项等，整理一份调查记录。

2. 参观走访生产劳动现场（根据学校校企合作单位情况选择），增加对真实劳动环境的感知，做好入职前的心理准备，是中职生完成从在校生向职业人转变的重要过渡。通过实地走访，了解行业发展现状，进一步调整目标，规划职业生涯。协助老师制订一份企业实习体验活动方案。

3. 在老师指导下组织一次企业参观活动。

（1）活动目标：

① 提高对企业工作的认知。

② 了解企业文化和企业管理规定，为实习及就业做准备。

③ 培养合作、交流、沟通能力。

④ 培养观察力，增进集体观念，增强劳动情感。

⑤ 增强对就业的规划和思考意识。

（2）活动安全提示：

① 认真遵守企业规定。

② 穿好工装，戴好安全帽，遵守礼仪。

③ 正确安全地使用劳动工具，安全生产。

④ 集体行动，不擅自离队，有事请假。

⑤ 注意交通及上下楼安全。

（3）活动注意事项：

① 做好必要的衣着与工具准备。

② 了解必要的企业文化，提前做好准备。

③ 触摸零件、产品等或对工作环境拍照等需要事先征得企业负责人同意。

④ 服从指挥，听从安排，互相照应。如果需要临时接打电话或遇到其他突发状况，要告知随行人员后再进行处理，并随时保持联系。

（4）活动总结：企业实习体验活动结束后做好反思总结，写一则活动日记。

4. 活动回顾：回顾自己在企业实习体验活动过程中的学习成果，客观评价自己的表现，分析今后有哪些需要进一步提升完善的地方。

5. 分组分享表现突出同学的优异表现，写下自己的看法和努力方向。

活动 3　参加社区劳动服务

中职生通过参加社区劳动服务，不仅可以直观了解社区在现代社会生活中的多重角色，深刻体会社区作为居民生活基本单元的重要性，还能深入理解社区在基层社会治理中发挥的桥梁和纽带作用。在参与社区服务的过程中，他们能够学会倾听居民需求、解决社区问题，从而认识到社区治理对于促进社会和谐、提升居民幸福感的关键作用。此外，社区劳动服务还能培养中职生的社会责任感、公民意识以及团队合作与组织协调能力，为将来投身社会工作和职业发展奠定良好的基础。

活动目标

1. 了解社区在现代社会生活中的角色。
2. 理解社区在基层社会治理中发挥的重要作用。
3. 积极投身社区劳动。

活动过程

1. 结合平时的了解，写下你认为的社区工作的样子。

2. 回忆你曾经历过的社区生活，写下你的感受。

3. 咨询及调查社区在现代社会生活中扮演的角色、发挥的作用，写一份调查报告。

4.《大中小学劳动教育指导纲要（试行）》指出，要将劳动教育与学生的个人生活、校园生活和社会生活有机结合起来，丰富劳动体验，提高劳动能力，深化对劳动价值的理解。参加社区劳动，能够丰富劳动体验、深化对劳动价值的理解、拓展服务社会的范围。本次活动就是深入社区，了解社区工作的主要内容，与社区工作人员一道，为维护整洁的社区环境、消除社区安全隐患做贡献。

结合你对社区工作的了解和调研，思考自己可以参与哪些社区劳动，做一份计划书。

5. 在前期沟通基础上，参与一次社区劳动活动。

（1）活动目标：

① 通过参观，了解社区便民服务站的服务范围和功能。

② 结合志愿服务所需，在实践中运用理论知识，提高自身技术技能。

③ 培养热爱劳动和吃苦耐劳的精神，提高独立意识和自主能力。

（2）活动安全提示：

① 活动过程注意交通安全。

② 做好活动流程沟通和人员组织安排。

（3）活动注意事项：

① 统一着装。

② 准时在规定地点集合。

③ 进入社区劳动服务之前先接受安全教育和简单的礼仪培训。

④ 在社区工作人员指导下进行劳动服务和参观交流等，未经许可不得进入非此次劳动服务区域。

⑤ 活动过程中必须听从带队老师的安排，不得掉队、离队，有特殊情况的需要提前请假，有突发状况的及时联系带队老师处理。

（4）做好相应记录，活动后进行反思总结，写一份活动报告。

活动4 投身“三下乡”社会实践

积极参与“三下乡”社会实践活动，不仅能深入乡村一线，亲身参与多元化的劳动实践，更是在这广袤的土地上播种下希望的种子，收获宝贵的乡村生活体验与深刻的情感共鸣。这一过程，不仅能在实践中锤炼专业技能，更能在心灵深处激发对新农村建设的无限憧憬与责任感。

通过亲身体验乡村振兴的生动实践，可亲眼见证农村面貌日新月异的变化。从绿色生态农业的蓬勃发展到乡村文化的传承与创新，再到农村基础设施的日益完善，每一处变化都深刻诠释了乡村振兴战略的深远意义。

“三下乡”活动，不仅是一次简单的社会实践，更是一场心灵的洗礼和成长的飞跃。可将个人理想融入国家发展大局之中，以青春之名，许下助力乡村振兴的誓言，用实际行动诠释新时代青年的责任与担当。

活动目标

1. 了解“三下乡”活动的内容。
2. 理解“三下乡”活动的意义。
3. 明确“三下乡”活动的要求。
4. 增加乡村劳动体验。
5. 感受新农村乡村振兴的意义。

活动过程

1. 阅读相关资料，了解什么是“三下乡”，写下对“三下乡”活动意义的认识。

2. 分组讨论可以在“三下乡”活动中发挥哪些作用，记录讨论的过程和结论。

3. 调查了解自己所在学校曾经开展过哪些方面的“三下乡”活动，取得过哪些成果并将其记录下来。

4. 协助老师制订一份“三下乡”活动方案。

5. 在老师的带领下参加一次“三下乡”活动。

（1）活动目标：

① 通过走访了解近年来乡村振兴战略给农村带来的变化。

② 通过帮助清理环境卫生、赠送清洁物资、贡献改善环境妙招、制作文化墙扮靓乡村等活动项目助力农村生活环境改善。

③ 感受民生民情，积极思索，建言献策。

（2）活动安全提示：

① 注意交通安全和人身财产安全。

② 制作文化墙时注意材料选用及工具使用安全。

③ 清洁卫生时注意做好个人防护。

（3）活动注意事项：

① 统一着装。

② 准时在规定地点集合。

③ 活动前先开展必要的安全教育，注意礼仪及人际沟通问题。

④ 集体跟随带队老师进行“三下乡”活动，未经许可不得进入非此次活动区域。

⑤ 活动过程中必须听从带队老师的安排，不得掉队、离队，有特殊情况的需要提前请假，有突发状况的及时联系带队老师处理。

（4）进一步收集资料，深入研究新农村建设情况，谈谈你对乡村治理的理解，试着撰写“三下乡”考察报告。

活动 5　走进培训基地

走进培训基地能够通过系统化的学习与实践，显著提升个人职业素养，将理论知识与实际操作紧密结合，为未来的职业生涯奠定坚实的基础。

更为重要的是，这样的环境能够培养中职生团结合作、互助交流的品质。在团队项目、模拟实训中，中职生可学会如何与他人有效沟通、协作解决问题，这些软技能在职场竞争中同样至关重要。因此，走进培训基地，对于中职生而言，是迈向成功职业生涯的重要一步，也是实现个人价值、服务社会的关键起点。

活动目标

1. 了解技能人才培训基地的功能。
2. 体验技能人才培训基地的生产情况。
3. 提升个人职业素养。
4. 发展个人专业能力。
5. 培养团结合作、互助交流品质。

活动过程

1. 阅读相关资料，了解什么是技能人才培训基地，主要功能是什么，并记录下来。

2. 查阅相关资料，开展调研访谈，了解本地区有哪些技能人才培训基地，并做好记录。

3. 协助老师制订一份参观技能人才培训基地活动方案。

4. 在老师带领下参观一处技能人才培训基地。

（1）活动目标：

① 通过参观，了解高技能人才培养的基本途径、所需的设施设备和前沿信息等。

② 纠正重理论轻实践的传统观念，学会在实践中运用理论知识，在劳动实践中不断深化理论知识、提高自身技术技能和综合职业素养。

③ 培养热爱劳动的习惯和吃苦耐劳的精神，提高独立自主、自律自控、自爱自强的意识和能力，提升职业安全感、荣誉感和幸福感。

④ 树立正确的劳动价值观和职业观，塑造良好的劳动品质。

（2）活动安全提示：

① 注意交通安全和人身财产安全。

② 注意做好个人安全防护。

③ 注意保持环境清洁卫生。

（3）活动注意事项：

① 进入基地实训车间必须先接受安全教育。

② 进入基地实训车间必须穿戴劳动防护用品。

③ 非实训学生未经许可不得进入基地实训车间。

④ 基地实训车间内禁止穿拖鞋、凉鞋、背心，禁止吸烟、追逐打闹。

⑤ 学生和教师都必须坚守实训岗位，不得串岗、离岗。

⑥ 树立“安全第一”的思想，严格按照设备安全操作规程进行操作。

⑦ 教师未做安排或未经教师允许，不得私自操作设备。

⑧ 凡教师未做讲解或未示范的练习内容，不得提前或私自练习。

⑨ 操作车床、机器人等高速运转类设备严禁戴手套。

⑩ 树立“文明生产”的思想，严格按照设备维护保养规程做好实操设备维护保养。

（4）总结活动过程，写一则活动日记。

活动 6　任务评价

活动目标

1. 能对照任务目标完成自我评价。
2. 能根据分组或独立学习情况，选派代表进行任务完成情况的说明与总结。
3. 能根据任务完成情况，正确、全面地进行任务总结。
4. 能对学习与工作进行总结反思，能与他人进行有效的沟通和良好的合作。

活动过程

1. 自我总结：简述个人在小组中的任务，小组代表展示任务完成情况。

2. 自我提升：根据任务完成情况，分析学习过程中的不足之处及其原因，并思考如何改进，填入表 5-1 中。

表 5-1　自我提升分析

活动	工作内容	不足之处	原因分析	改进意见
1				
2				
3				
4				

3. 按要求完成任务评价表（表 5-2）。

表 5-2　任务评价表

<table>
<tr><td>任务名称</td><td colspan="4"></td></tr>
<tr><td>定量评价</td><td>个人自评（10%）/ 分</td><td colspan="2">小组评价（30%）/ 分</td><td>指导教师评价（60%）/ 分</td></tr>
<tr><td>活动综合评价（80 分）</td><td></td><td colspan="2"></td><td></td></tr>
<tr><td>劳动安全文明（20 分）</td><td></td><td colspan="2"></td><td></td></tr>
<tr><td>小计</td><td></td><td colspan="2"></td><td></td></tr>
<tr><td>最终结果</td><td>定量（分）</td><td></td><td>定性（星级）</td><td></td></tr>
<tr><td>个人小结（看了什么、说了什么、学了什么、做了什么、体验了什么、收获了什么、创造了什么、创新了什么）</td><td colspan="4"></td></tr>
</table>

任务6 体验职业劳动

任务目标

1. 增进职业生活体验。
2. 丰富职业劳动经历。
3. 感受劳动创造价值。
4. 树立职业能力观念。
5. 奠定职业发展基础。

任务描述

通过丰富多彩的劳动实践活动，我们逐渐走进企业，走进工厂，走上职业劳动岗位，在实践专业知识和技能的同时，也逐渐开始融入实际职业生产生活。在这些感悟与体验基础上，让我们客观地评价自我，积极主动地发展专业能力，完善自我修养，奠定职业发展的根基。

本任务我们将体验职业劳动，进入职业角色。

任务图志

职业学校学生参与种植劳动

焊工职业技能操作

任务知识

一、专业劳动的含义

专业劳动是指在生产实习中结合专业特点安排的对口劳动，是实施教育与生产劳动相结合的实践教学形式。学校应按照生产实习大纲的要求，在教学实习的基础上，组织学生在校办工厂（农场）或校外工厂、农业生产部门参加对口产品的生产。

二、专业劳动教育的含义

专业劳动教育是指在专业课的学习过程中渗透劳动教育的内容。专业课和劳动教育的内容是相互渗透的，要充分挖掘专业课程的劳动教育元素，发挥劳动教育功能，融合特色，施展劳动技能优势。

三、中职院校进行劳动教育的独特优势

（一）理念优势

职业教育是一种以传授技术技能为主的教育，作为一种教育类型，其在教育理念上追求的不是系统构建科学文化知识，而是培养学生适应生产、生活劳动和服务社会所需的技术技能，这种教育与生产劳动、生活劳动和社会服务性劳动有着天然的联系。

（二）资源整合优势

职业教育强调的是产教融合、校企合作，能够直接把劳动资源和教育资源有机融合，在生产劳动、生活劳动和社会服务性劳动中接受教育，形成劳动技能、培养劳动品质、养成劳动习惯。

（三）教学资源优势

中职院校不论是专业、课程设置，还是教育教学的组织方式，都紧紧围绕对学生技术技能的培养这个核心，都是强调实际操作，强调在做中学、在学中做，强调在劳动实践中学习技术技能。

（四）师资优势

中职院校的教师通常是既懂理论知识，又具备实践能力的双师型教师，这些教师与生产劳动、生活劳动和社会服务性劳动有着必然的联系并具备相关素养，能够担当起劳动教育的重任。

（五）实践优势

中职院校具有与人才培养相适应的校内外实习实训基地，为开展劳动教育提供了重要的实践场所。

四、假期岗位实践的内容

（一）普适性服务劳动

普适性服务劳动主要包括公益性服务和志愿者活动，如社区服务一日行。可以由学校集体组织，也可以自发参与。主要目的是让学生走向社会、认识社会，强化责任担当意识，体会社会主义社会平等、和谐的新型劳动关系。

通过组织引导公共场所卫生维护、文化艺术进社区或企业、植树造林护林、自然山体保护、结对帮扶社区或敬老院老弱病残人员、义务家教、政策咨询和援助、特殊群体的人文关怀、紧急救援、慈善活动、特殊时间到特定单位开展公益性劳动等，增强公益服务意识，彰显奉献精神。

（二）生产劳动

假期的专业技术技能训练和专业生产劳动受场地和师资等条件影响，除了部分要参加技能大赛的选手会有额外的训练安排，其余的学生都会自行安排假期期间的训练内容。主要方式包括结合专业特点寻找假期实习单位、一对一跟师傅学习，主要目标是巩固专业基础知识，了解岗位工作性质和内容，形成初步的职场观和正确的劳动观。假期的生产劳动从报酬角度可分为有偿劳动和无偿劳动两种。

当然，有很多学生在假期从事的劳动不一定与专业相关，但仍然会从中获益，可以充分体会不同形式的劳动，了解劳动创造美好生活的内涵，学会尊重普通劳动者，弘扬积极向上的劳动精神和认真负责的劳动态度。

五、乡村振兴战略

“三农”，指农业、农村和农民。研究“三农”问题的目的是要解决农业发展、农村稳定、农民增收。

实施乡村振兴战略是决胜全面建成小康社会、全面建设社会主义现代化国家的重大历史任务，是新时代“三农”工作的总抓手。

乡村振兴战略坚持农业农村优先发展，目标是按照产业兴旺、生态宜居、乡风文明、治理有效、生活富裕的总要求，建立健全城乡融合发展体制机制和政策体系，加快推进农业农村现代化。2017 年中央农村工作会议明确了实施乡村振兴战略的目标任务：2020 年，乡村振兴取得重要进展，制度框架和政策体系基本形成；2035 年，乡村振兴取得决定性进展，农业农村现代化基本实现；2050 年，乡村全面振兴，农业强、农村美、农民富全面实现。

乡村振兴战略分为七大内容：①重塑城乡关系，走城乡融合发展之路；②巩固和完善农村基本经营制度，走共同富裕之路；③深化农业供给侧结构性改革，走质量兴农之路；④坚持人与自然和谐共生，走乡村绿色发展之路；⑤传承发展提升农耕文明，走乡村文化兴盛之路；⑥创新乡村治理体系，走乡村善治之路；⑦打好精准脱贫攻坚战，走中国特色减贫之路。

六、安全文明生产

安全文明生产是指在生产过程中注意安全，杜绝安全事故隐患，避免人身、财产等方面的损失，同时要注意文明生产，生产过程规范标准，按照工艺和要求有序进行。

文明生产，从广义上讲，是指根据现代化工业生产的客观要求组织生产；从狭义上讲，是指在良好的秩序、整洁的环境和安全卫生的条件下进行生产劳动。安全生产是文明的重要基础和保障，讲文明就必须重安全，有安全才能文明。安全生产是文明生产的必然结果，文明生产是安全生产的更高发展。

尽管所属行业不同，安全文明生产的内容不同，但总体来说，安全文明生产的意义如下：

一是保护劳动者的生命安全和职业健康，这是安全生产本质的核心。

二是有利于实现企业的根本利益和长期发展。

三是有利于安全管理体系的建立和完善。

四是有利于弥补生产力水平不高、技术装备不高存在的缺陷。

五是规范职工安全生产行为，营造浓厚的安全生产氛围。

六是提高企业管理水平和层次，树立良好的企业形象。

七、劳动模范

劳动模范是指在劳动过程中，凭借出色的工作表现和高度的责任心，成为他人学习的榜样。这个称呼强调了劳动的重要性，以及通过劳动来创造价值和取得成就。劳动模范常用于表扬那些在工作中表现出色、勤奋努力的人，尤其是那些在特定领域或行业中具有卓越成就的人。

如果想成为行业骨干和优秀员工，可以深入了解劳动模范的事迹，了解他们在工作中的成就和贡献，尤其是深入劳动模范的工作和生活，深度互动学习，感受其劳动精神与劳动价值，甚至可以拜师学艺。同时也可以学习劳动精神和劳动伦理的相关内容，了解劳动对个人和社会的意义。

为大力弘扬劳模精神、劳动精神、工匠精神，全国各地建设了一些劳动模范纪念馆，可以到那里进一步了解劳动模范事迹，在活动日与劳动模范互动交流。例如，辽宁沈阳劳动模范纪念馆在“五一”期间全面开放，开放日邀请劳模亲临现场与群众面对面沟通，吸引大量市民前往参与活动。

八、教育部关于劳动教育基地建设的意见

（一）明确设置劳动必修课

《大中小学劳动教育指导纲要（试行）》对大中小学劳动课程提出了具体实施要求，明确了课外校外劳动实践时间以及劳动周活动开展方式。要求中等职业学校将劳动教育纳入人才培养方案，融入学校教学全过程；职业院校要结合实习实训强化劳动教育，课程内容要紧密联系生产劳动实际和社会实践。

（二）加强劳动教育基地建设

《中共中央 国务院关于全面加强新时代大中小学劳动教育的意见》强调，要大力拓展实践场所，满足各级各类学校多样化劳动实践需求，各地区要统筹中央补助资金和自有财力，多种形式筹措资金，加快建设校内劳动教育场所和校外劳动教育实践基地，吸引社会力量提供劳动教育服务。《大中小学劳动教育指导纲要（试行）》进一步指出，要建立协同实施机制，中小学校要与相关社会实践基地共同开发并实施劳动教育课程；职业院校、普通高等学校要联合社会力量，共建共享稳定的劳动实践基地、校外实习实训基地等，多渠道拓展劳动实践场所。

围绕实践育人，2021年教育部在全国范围内遴选了96个县（区、市）国家级中小学劳动教育实验区，拓展实践场所。指导各地各校积极争取社会支持，充分利用学校布局调整中的闲置校舍和产业结构调整中的闲置厂房等社会资源，建立工业生产、农业生产等各行业劳动教育实践基地。加强劳动教育实践基地、青少年宫等校外实践基地指导，对场馆建设、项目设置、活动开发等进行统筹规划，引导基地结合当地特色，开展种植、饲养等劳动实践教育。例如，江苏省江阴市强化基地建设，依托“中国制造业第一县”地域优势，不断丰富劳动教育实践平台，目前已陆续与华西现代农业示范园、海澜集团等30多个集团企业建立合作，为学生走出学校、走向社会开展劳动教育打破实践场所制约。

（三）加大劳动教育保障力度

各部门各尽所能，协同推进劳动教育。中央高校和各地可结合自身财力，通过自建劳动教育基地或购买社会力量举办的劳动教育服务等，支持开展劳动教育。自然资源部指导地方各级自然资源主管部门综合运用国土空间统筹、存量资源有效盘活和土地复合利用等手段，拓展和保障劳动教育实践场所。

活动 1 走进农业生产劳动现场，了解新时代“三农”

亲身走进农业生产劳动现场，不仅是一次理论与实践的深度融合，更是一场深刻的新时代“三农”认知之旅。在这一过程中，学生能亲眼见证新农业、新农村、新农民的巨大变化，这些变化不仅体现在物质条件的改善上，更在于思想观念、技术应用与职业发展模式的全面革新。

通过这次实践经历，学生可进一步提升自身的职业能力和职业素养，学会如何将所学知识应用于实际生产中，如何与团队成员有效沟通协作，如何面对和解决实际问题。这些宝贵的经验和能力，将为他们未来的职业生涯奠定坚实的基础，也使他们更加自信地迎接新时代的挑战。

活动目标

1. 了解农业行业企业生产劳动的主要内容。
2. 体会新农业、新农村、新农民的主要变化。
3. 了解新时代“三农”的技术技能特点。
4. 感受新时代“三农”职业能力需求。
5. 进一步提升职业能力和职业素养。

活动过程

1. 查阅资料，了解什么是“三农”，写下你对新时代“三农”的认识。

2. 搜索乡村振兴相关网站，了解乡村振兴人物、国家乡村振兴范例、新时代“三农”面孔，谈谈你的感想。

3. 查阅资料，结合自身感性认识，记录下农业、农村、农民的变化。

4. 读一读本地区农业创业典型事迹，记录下你的感想。

5. 到本地农业生产劳动现场参观走访，了解新时代“三农”实际情况并记录下来。

6. 回顾活动过程，做一份参观记录。

7. 整理一份新时代“三农”调研报告，向同学及亲友分享。

8. 查阅资料，了解新时代“三农”职业技能变化，写下你的感受。

活动 2 体验安全文明生产，牢筑安全意识防线

学生通过亲身体验安全文明生产环境，不仅能将安全意识铭记于心，更能在心灵深处筑起一道坚不可摧的安全防线。这一过程不仅是技能的磨砺，更是责任与担当的觉醒，使他们在未来的职业生涯中，能够自觉遵循安全规范，主动排查安全隐患，成为守护生产安全、促进文明生产的先锋力量。他们在每一次操作中融入对生命的敬畏，在每一次协作中展现对团队的负责，以实际行动诠释“安全第一，预防为主”的深刻内涵，为构建更加安全、高效、和谐的生产环境贡献青春的智慧与力量。

活动目标

1. 了解企业安全文明生产要求。
2. 体会安全文明生产的重要意义。
3. 明确安全文明生产规定。
4. 筑牢安全意识防线。

活动过程

1. 图 6-1～图 6-4 是安全生产的一些警示，查阅相关资料，了解企业安全文明生产要求还包括哪些内容并记录下来。

图 6-1　持证上岗

图 6-2　安全文明施工

图 6-3　安全着装

图 6-4　消除安全隐患

2. 查阅安全文明生产事故案例图文资料或观看视频，体会安全文明生产的重要意义。

3. 收集本专业目标企业安全文明生产规定并记录下来。

4. 与老师进行交流，了解本专业未来岗位工作安全文明生产的主要内容并记录下来。

5. 到本专业工作相关施工现场，体验安全文明生产，记录安全要点，谈谈自己的感想。

6. 摘抄安全文明生产宣传语。

7. 分组制作安全文明生产宣传画报。

活动 3　走访劳模工作生活，感受劳动创造价值

通过深入走访劳模的工作与生活，可亲眼见证劳动如何铸就辉煌成就，更深刻地领悟劳动是创造价值的源泉，是通往梦想与辉煌的必经之路。在这一过程中，感受劳模勤勉敬业、精益求精的精神，感受劳模劳动背后那份对事业的执着追求和对社会的无私奉献。劳模的事迹能激发人们内心深处对劳动的热爱与尊重，也能让学生深刻理解到，无论身处何种岗位，只要脚踏实地、勤奋努力，都能通过劳动实现自我价值，为社会贡献自己的力量。

活动目标

1. 了解劳模实际工作生活。
2. 与劳模交流思想。
3. 体验劳模工作，感受劳动创造价值的美。

活动过程

1. 结合对任务知识的学习，说说什么是劳模，什么是劳模精神，把你的心得记录下来。

2. 咨询及调查本地劳动模范，记录他们的先进事迹，和同学们分享。

3. 结合本专业学习内容和学校实际，协助老师制订一份走访劳模活动方案。

4. 到事先联系好的劳模工作的地方实地走访，了解劳模的工作内容并记录下来。

5. 在劳模及其单位允许的前提下，体验劳模某一项工作场景或劳动内容，感受劳动创造价值的意义，记录下工作场景、劳动内容和自己的感想。

6. 召开座谈会或随机访谈，了解劳模的事迹以及他们的奋斗目标、对青年人的寄语，并做一份访谈记录。

7. 对本次活动进行总结，写一份活动感想。

活动4 体验劳动基地实践，树立职业能力观念

通过积极参与劳动基地的实践活动，不仅可亲身体验劳动的艰辛与乐趣，更可在这一过程中逐步树立牢固的职业能力观念，深刻体会国家开展劳动教育的坚定决心。在劳动基地的每一分耕耘中，领会教育方针中关于“教育与生产劳动相结合”的深刻内涵，认识劳动不仅是个人成长的必经之路，也是国家发展和社会进步的重要基石。

通过实践操作，学生可掌握与未来职业密切相关的必要劳动技能。这些技能不仅能丰富他们的劳动体验，更能为他们将来步入社会、投身职场奠定坚实的基础。

活动目标

1. 了解劳动基地育人目标，积极参与劳动基地实践。
2. 体会国家开展劳动教育的坚定决心，领悟党的教育方针。
3. 掌握必要的劳动技能，丰富劳动体验。
4. 提高劳动技能水平，树立职业能力观念。

活动过程

1. 通过观察图6-5和图6-6以及进一步查阅其他资料，了解劳动基地实践的主要内容。

图6-5 劳动教育实践

图 6-6　劳动教育实践基地

2. 调研了解本地区有哪些劳动基地，各劳动基地的主要劳动实践内容和育人目标，协助老师选择一处开展劳动基地实践活动，并说明你选择的理由。

3. 查阅资料，了解最新修订的党的教育方针，以及主要修订的内容和修订的原因，说说你的感想。

4. 协助老师做一份劳动基地实践活动方案。

5. 到劳动基地开展实践活动，记录下主要活动过程，以及在此过程中的收获与感想。

6. 针对此次活动，做一份活动总结。

活动5 任务评价

活动目标

1. 能对照任务目标完成自我评价。
2. 能根据分组或独立学习情况，选派代表进行任务完成情况的说明与总结。
3. 能根据任务完成情况，正确、全面地进行任务总结。
4. 能对学习与工作进行总结反思，能与他人进行有效的沟通和良好的合作。

活动过程

1. 自我总结：简述个人在小组中的任务，小组代表展示任务完成情况。

2. 自我提升：根据任务完成情况，分析学习过程中的不足之处及其原因，并思考如何改进，填入表6-1中。

表6-1 自我提升分析

活动	工作内容	不足之处	原因分析	改进意见
1				
2				
3				
4				

3. 按要求完成任务评价表（表 6-2）。

表 6-2　任务评价表

<table>
<tr><td>任务名称</td><td colspan="4"></td></tr>
<tr><td>定量评价</td><td colspan="2">个人自评（10%）/ 分</td><td colspan="2">小组评价（30%）/ 分</td><td>指导教师评价（60%）/ 分</td></tr>
<tr><td>活动综合评价（80 分）</td><td colspan="2"></td><td colspan="2"></td><td></td></tr>
<tr><td>劳动安全文明（20 分）</td><td colspan="2"></td><td colspan="2"></td><td></td></tr>
<tr><td>小计</td><td colspan="2"></td><td colspan="2"></td><td></td></tr>
<tr><td>最终结果</td><td>定量（分）</td><td></td><td>定性（星级）</td><td></td></tr>
<tr><td>个人小结（看了什么、说了什么、学了什么、做了什么、体验了什么、收获了什么、创造了什么、创新了什么）</td><td colspan="5"></td></tr>
</table>

第四篇

提高劳动技能水平

习近平总书记参加十四届全国人大二次会议江苏代表团审议时强调，“大国工匠是我们中华民族大厦的基石、栋梁”，“我们要实实在在地把职业教育搞好，要树立工匠精神，把第一线的大国工匠一批一批培养出来。这是顶梁柱，没有金刚钻，揽不了瓷器活”。

任务 7 提高职业劳动技能

任务目标

1. 能说出本专业涉及的劳动技能及基本要求。
2. 能说出自己对提高劳动技能水平的看法。
3. 能客观作出自己劳动技能水平的评价。
4. 能积极投入职业技能竞赛。
5. 能参与学校社团活动。
6. 能圆满完成顶岗实习活动。
7. 能够了解国家关于青年创新创业的政策。
8. 能做个人技能发展规划。

任务描述

职业学校的学生未来要在专业领域发展，需要具备相应的职业劳动技能，明确职业发展规划，做好相应的心理准备和技能训练。这就要求学生掌握相关知识，了解相应标准，做好技能训练，提升职业技能，培养专业精神，用技能成就未来美好人生。同时，提高职业劳动技能，体验企业生活，也是实施劳动教育的重要途径。

学生通过在校学习、参与职业技能竞赛、参加社团活动、开展顶岗实习、体验创新创业活动等，可以在专业劳动实践中学会学习、学会工作、学会创造，获得成就感和在专业领域进一步发展的能力。

在校园里，我们可以通过哪些活动提升技能水平、提前岗前练兵、做好就业准备呢？让我们带着这些问题来学习本任务的知识，参与本任务的活动。

任务图志

大国工匠论坛

焊工技能实操练习

任务知识

一、职业劳动

凡是从事与职业相关的劳动，都可以看作是职业劳动。职业劳动是专门的生产劳动，与一般性劳动相比，具备一定的专业性。中职生通过职业劳动能提升职业素养，培育精益求精的工匠精神和爱岗敬业的劳动态度，增加劳动美感。进行职业劳动在收获劳动成果的同时还能取得初步的生产经验，扩展生产技术知识，为就业和未来职业发展储能，增加成就感。

二、新时代中职生学习与劳动教育的联系

（一）劳动品德教育

天道酬勤，勤能补拙。勤劳已经作为一种中华民族传统文化基因，深深地植入在我们的血脉之中，成为中国人的内在素养和民族精神。昨天，前辈们依靠辛勤劳动，造就了中华民族灿烂的历史文明；今天，我们依然依靠辛勤劳动，取得改革开放、民富国强的辉煌成就；明天，我们中职生一代，也要用劳动托起中国梦，实现中华民族伟大复兴。

做好劳动的准备，就是在道德上做好准备以及要有热爱劳动的思想，即认识某种劳动的经验，能够自觉地参加劳动，从而有意识地确定自己从事劳动的志向。

职业是民生之本。职业是个人在社会中所从事的、有稳定收入的工作，既是人们实现人生价值、为社会做贡献的舞台，也是人们谋生的手段。

人的生存、生活离不开职业，职业是人生发展的载体。围绕职业，人的一生大致可分为三个阶段：从业准备阶段、从业阶段和从业回顾阶段。从婴儿开始，直到完成学校的学习，开始从事某种职业以前，均属于从业准备阶段。从业阶段是人生的主要阶段。它主要表现在人们通过职业活动满足各种需求；职业生涯的发展是一个不断学习、不断积累、不断提升，即终身学习的过程；人的职业生涯发展是一个把自己的梦不断融入中国梦的过程。在从业回顾阶段，会回顾自己的职业生涯，总结经验教训，既会感慨自己曾经的奋斗与成就，也会反思那些走过的弯路。在这个阶段，不仅审视自己的职业历程，更是将自己的职业感悟传承给后人，为行业的发展和后辈的成长贡献智慧。

职业生涯的发展是一个不断学习、不断积累、不断提升的过程，即终身学习的过程。在这个过程中，我们要始终保持对新知识、新技能的渴望，不断充实自己，以适应不断变化的职业环境。人的职业生涯发展是一个把自己的梦不断融入中国梦的过程。我们在追求个人职业成功的同时，也要为国家的繁荣富强贡献自己的力量，将个人的价值与国家的命运紧密相连。

（二）劳动课程教育

劳动是创造幸福的源泉，一切幸福需要劳动去缔造。劳动是新时代每一个中华儿女必备的基本素养和传统美德。系统化的劳动课程教育可以培养学生学会劳动、善于劳动、创造性地去劳动，掌握劳动技能。通过劳动教育课程的实施，培养学生发现问题、观察问题、分析问题、判断问题、解决问题的能力，创新劳动学习和劳动教育实践能力，促进学生身心健康的发展、培育实干精神，让学生感受劳动美，创造劳动美，品味劳动美。

1. 家庭劳动

自觉参与、自己动手，随时随地、坚持不懈地劳动，会做常见家务活（洗衣、做饭、做菜、打扫卫生等）。每周做好衣服的整理、房间的清扫；学会几样烧菜技能；定期学习护花知识，掌握栽培绿化技巧。通过家庭劳动，学生可以养成爱劳动、爱生活的好习惯。学校定期将学生参加家庭劳动和掌握生活技能的情况纳入学生综合素质档案。

2. 学校劳动

积极参加校内的各项劳动。例如，在教师指导下，认真学习农业知识，参与校园学农基地的种植工作，确保基地植物的正常生长，在活动中明白粮食的来之不易和体会劳动者的辛苦；遵守校规，用心做好宿舍内务工作等；服从安排，参加学校的集体清扫校园工作等。积极参加学校勤工俭学工作，努力实现个人独立与自我发展。

3. 社区劳动

充分利用各方面资源，争取每学期参加 1 ～ 2 次福利院和公共场所等的志愿服务活动、公益劳动，参与 1 ～ 2 次社区治理活动。学校定期做好全国志愿者库的信息登录工作。

（三）专业劳动教育

根据实训要求，不断提高专业技能水平，培育精益求精的工匠精神和爱岗敬业的劳动态度，增强职业荣誉感。每学期做好专业技能等的自我评价、同伴评价和教师评价工作。

1. 专业岗位实训

学生在学校实训场所、企业顶岗实习的岗位上，通过老师的指导将所学理论知识应用于实践。学生使用专业劳动工具，掌握专业劳动技能、技巧，不断提升专业认知和专业技能，体验劳动成果带来的满足感。

2. 技能项目竞赛

“以赛促学、以赛促教、学以致用”，根据校赛、市赛、国赛比赛机制要求，熟悉现场工艺，通过学习、交流、切磋，提高创新精神，培育高水平的专业技能和精益求精的工匠品质。

（四）实践劳动教育

劳动是人的本质活动，这也决定了劳动教育是人类最基本的教育。当学生吃着用自己双手挣来的食物，穿着用自己的劳动报酬买来的衣服时，他们就会懂得劳动的价值，学会尊重劳动和崇尚劳动，形成正确的劳动观，养成优良的劳动行为习惯，进而促进全面发展。

1. 校园劳动项目

参加校园劳动值周活动，各班轮流值周。该活动一般由学校学生科统管，班主任进行岗前动员培训、劳动行为指导等。具体工作包括清扫校园垃圾、参与学校门卫值班、校园巡逻等。值周结束后，采用班级总结、每周升旗仪式汇报、学生科鉴定三结合的考评办法，对学生的劳动态度、劳动表现、思想收获等进行考核评定，并纳入综合测评中。

2. 创业创新项目

鼓励学生“敢闯、会创”，扎根中国大地了解国情民情，锤炼意志品质，体验劳动的精彩，培养学生创业基本能力，规范学生创业行为，促使学生养成诚实守信、安全守法等良好劳动道德品质。让学生在创新创业中增长智慧才干，把青春梦想融入伟大的中国梦，努力成长为德才兼备的有为人才。

3. 社区志愿服务实践项目

组织学生参加社区、街道等志愿者服务工作。利用双休日、节假日等慰问社区老人，倾听老人的心声，帮助打扫庭院卫生，为老人、社区带去劳动的美，同时体验通过自己的双手劳动，为他人创造快乐、为环境创造美的价值。引导学生参加学校职业体验日志愿者活动，体验学有所用的成就感和劳动创造价值的魅力。学生可通过工作体验，发现自己的职业倾向，确立将来的职业目标。

三、职业道德

中职教育是培养高技能人才、面向未来从业需求的教育，中职生对职业的认知、体验与准备必不可少。职业是责任、权利和利益的有机统一，在从事职业劳动取得报酬的同时，必然要担负职业责任、恪守职业道德。例如，一想到教师，就想到为人师表，要学高为师、行为世范；一想到医生，就想到救死扶伤，要医者仁心，悬壶济世；一想到专业技术人员，就想到是本领域的专家能手，能够专业地解决生产技术问题。因而在从事职业劳动的过程中，要注意遵守职业道德。

《公民道德建设实施纲要》指出，职业道德是所有从业人员在职业活动中应该遵循的行为准则，涵盖了从业人员与服务对象、职业与职工、职业与职业之间的关系。随着现代社会分工的发展和专业化程度的增强，市场竞争日趋激烈，整个社会对从业人员职业观念、职业态度、职业技能、职业纪律和职业作风的要求越来越高。

职业道德作为职业行为规范，具有鲜明的行业性和相对稳定性，既有敬业、诚信、互助等共性特征和要求，也有只适用于特定职业的强制规范。例如，警察需要尽力搜寻犯罪嫌疑人的犯罪证据，而普通人不能擅自搜查别人或者追踪、录音等；技术工人需要精益求精、追求卓越的品质，而管理工作却需要灵活变通、因势利导。这些是由不同职业的特点决定的。

四、职业素养

从事任何职业活动，都在社会政治经济文化发展过程中被赋予了特定的社会职能、社会责任、价值标准和行为规范，都会有相应的职业素养要求，这是职业最鲜明的特点和标志。具备良好的职业素养是取得职业成就乃至得到社会认可的基本途径。

职业劳动既是人谋生的手段，同时也是成就自己和实现人生价值的根本途径。因此，要注重职业素养的养成，涵养职业精神，尊重与热爱所从事的事业，努力达到标准化和专业化的要求，成为行业领域的专家能手和可靠的劳动者。正如美国现代管理大师彼得·德鲁克所言，不管一个人受过什么样的普通教育，也不管他受过什么样的成人管理教育，在将来情况会与过去不同。将来最起决定性作用的既不是教育，也不是技能，而是一个人正直的品格。

五、职业技能竞赛

职业技能竞赛是展示技能学习成果、展现专业风采、体现良好精神面貌、彰显职业素养的良好平台。

（一）中职生应重点关注的职业技能大赛

中职生应重点关注的职业技能大赛有以下 4 个。

1. 全国职工职业技能大赛

关于劳动的竞赛活动，影响最大的是全国职工职业技能大赛，这是国家一类技能比赛中规模最大的比赛，由中华全国总工会、科学技术部、人力资源和社会保障部、工业和信息化部共同举办。全国总工会将授予各工种决赛前 3 名选手“全国五一劳动奖章”；人力资源和社会保障部将授予前 5 名选手“全国技术能手”称号，并直接晋升技师职业资格，已具有技师职业资格的，可晋升高级技师职业资格。第 6 ～ 20 名的选手，可直接晋升高级工职业资格，已具有高级工职业资格的，可晋升技师职业资格。决赛前 20 名的选手将获得不同数额的奖金。

2. 全国职业院校技能大赛

全国职业院校技能大赛，是由教育部发起并牵头，联合国务院有关部门以及有关行业、人民团体、学术团体和地方共同举办的一项公益性、全国性职业院校学生综合技能竞赛活动。国赛每年举办一次，分中职组和高职组，逐步试点教师组技能比赛和师生同赛项目。这是专业覆盖面最广、参赛选手最多、社会影响最大、联合主办部门最全的国家级职业院校技能赛事。相应地，各省、自治区、直辖市职业院校会逐级组织选拔赛，直至将最优秀的选手推上国家甚至世界技能大赛的舞台。

3. 中华人民共和国职业技能大赛

经国务院批准，从 2020 年起，我国将定期举办中华人民共和国职业技能大赛（以下简称全国职业技能大赛）。大赛的目标是：对接世界技能大赛，打造新时代全国性综合职业技能竞赛新品牌，健全职业技能竞赛体系，引领各地、各行业不断提升技能竞赛工作规模和质量，推动以赛促学、以赛促训、以赛促建；建设职业技能领域互学互鉴的交流展示平台，检视各地技能人才工作成效成果，营造全社会尊重技能人才、重视技能人才的良好环境，整体推进我国技能人才工作均衡和可持续发展。

第一届全国职业技能大赛于 2020 年 12 月在广东省广州市举行，分世赛选拔项目和国赛精选项目，共 86 个竞赛项目。2023 年 9 月，第二届全国职业技能大赛在天津市举办，同样分世赛选拔项目和国赛精选项目，共 109 个竞赛项目，有来自全国 36 个代表团的 4045 名选手参赛。大赛采取“赛展演会”集成举办模式，同期举办技能展示交流、绝技展演、技能强国论坛、媒体见面会等活动。第三届全国职业技能大赛预计于 2025 年 9 月在郑州市举办，由人力资源和社会保障部主办、河南省人民政府承办。

4. 世界技能大赛

世界技能大赛是迄今全球地位最高、规模最大、影响力最大的职业技能竞赛，被誉为“世界技能奥林匹克”，其竞技水平代表了职业技能发展的世界先进水平，是世界技能组织成员展示和交流职业技能的重要平台。世界技能大赛由世界技能组织举办，每两年举办一次。

（二）全国职业院校技能大赛和全国职业技能大赛的异同

中职生可以参加的技能竞赛主要包括由教育部主办的全国职业院校技能大赛和由人力资源和社会保障部主办的全国职业技能大赛。

全国职业院校技能大赛和全国职业技能大赛主要有以下区别。

（1）参赛主体不同：全国职业院校技能大赛的参赛主体主要是职业院校的在校学生；而全国职业技能大赛的参赛主体范围更广，包括企业职工、院校师生等各类技能人才。

（2）竞赛内容侧重不同：全国职业院校技能大赛侧重于考查职业院校学生在专业知识和技能方面的应用能力，与职业院校的教学内容和课程体系结合较为紧密；全国职业技能大赛更注重考查选手在实际工作场景中的综合技能水平和创新能力，与行业企业的实际生产和服务需求联系更紧密。

（3）组织目的不同：全国职业院校技能大赛旨在推动职业院校的教育教学改革，提高职业院校的人才培养质量；全国职业技能大赛则旨在弘扬工匠精神，营造劳动光荣、技能宝贵、创造伟大的社会风尚，为经济社会发展培养选拔更多高素质技术技能人才、能工巧匠、大国工匠。

（4）赛事影响力不同：两者在各自领域都有一定的影响力，但由于参赛主体和竞赛内容的差异，其在社会上的影响范围和侧重点也有所不同。

全国职业院校技能大赛和全国职业技能大赛都实行分级管理，具体分为国家级、省级和地市级三级。比赛通常设有指导教师、裁判、大赛组委会等。在比赛过程中，参赛选手要听从指导、服从裁判、遵守大赛规定，以顺利完成比赛。如果有老师巡视、记者采访等情况，应礼貌回应后继续专心比赛。竞赛的目的在于切磋技艺、找准差距。在比赛过程中要坚持规范化和专业化，通过比赛提高竞赛水平、创新竞赛形式、扩大竞赛成果、提升劳动素养。

（三）参加职业技能竞赛活动注意事项

如果参加职业技能竞赛活动，需要注意以下四个方面。

（1）了解技能竞赛规则。

（2）积极准备比赛，做好参赛项目信息获取、规则解读工作，准备着装、证件、工具等。

（3）按规定完成比赛。在现场遇到问题要及时沟通，按规定程序解决。比赛过程中发挥正常技能，要有良好的礼仪表现。

（4）整理工具，遵守规程。赛后按规定中止比赛，不留隐患。

六、专业社团活动

社团活动是第二课堂的主要形式之一，是对第一课堂的延伸和拓展。依托专业力量，引导学生提高专业兴趣，建立专业社团，将实践教学和社团建设有机结合，对于培养职业兴趣、拓展知识领域、应用所学技能、激发潜力、不断获得成长进步具有重要意义。学生可根据自己的兴趣与时间，选择并加入一个或几个专业社团，与志同道合的同学一起钻研进步。加入专业社团，要熟悉专业社团活动的具体要求，认真履行社团成员的义务，重视社团的每一次活动。

下面以机器人社团为例，了解专业社团活动的主要内容。机器人社团活动主要以讲授、组装、编程为主。

（1）认识智能机器人的组成，了解机器人零件的搭建原理，组装机器人。在这个过程中形成实事求是的科学态度和精益求精的科学精神。

（2）根据制定的活动主题，向社团成员提出挑战任务，借此提高社团成员的逻辑思维能力，激发其创造能力。

（3）社团指导老师向社团成员演示制作机器人的基本程序，包括设计图纸、编写程序、调试程序等。

（4）社团成员亲自动手制作与日常生活密切相关的模型。社团成员通过亲自设计作品、动手搭建，锻炼创新能力和动手能力，体会自主学习、合作学习与探究式学习的乐趣。

（5）社团成员进行作品展示。通过作品展示锻炼社团成员在公共场合的应变能力。

七、如何创建一个社团

如果学校里没有自己想要加入的社团，那么可以发起创建一个。如何创建并经营一个专业社团呢？以下流程可供参考。

（一）填写社团基本信息

根据每个学校对社团的不同要求准备基本信息，一般包括社团名称、社团类别、社团宗旨、发起人、指导老师、拟定负责人。

（二）提交社团成立申请书

注意格式，写明成立理由，拟成立的专业社团具有什么优势，能帮助学生解决什么问题。

（三）拟定社团章程

社团章程主要包含社团基本信息、社团任务、社团成员权利及义务、职能设置等。

（四）可行性分析及计划

写明成立本专业社团的必要性、未来实施的可行性以及成立之后有什么计划。

（五）设置组织架构

目前常见的组织架构分为扁平型、智慧型和金字塔型。专业社团架构通常比企业要简单，不同的社团根据目标的不同选用不同的组织架构，一般选用扁平型组织架构，它具有精简、沟通高效的特性。

（六）品牌宣传

目前专业社团采用线上宣传方式的较多，即进行新媒体运营。最常见的宣传平台有微博、校园空间、公众号和互联网群。此外，也有社团利用短视频平台进行宣传，不同平台的特点、作用和推荐机制也都不同。发布的内容一定要和专业社团的定位有很强的关联性。除此之外，要对不同的内容进行分类，以方便检索。

（七）活动策划及实施

（1）社团负责人按年度计划确定活动主题，给各小组负责人分配具体任务，同时强调安全事宜。

（2）策划组负责确定活动目的、联系活动场地、确定活动时间、写出详细预案。

预案越详细越好，要把能想到的每一个细节都考虑在内。

（3）宣传组负责设计活动海报等，设计要突出活动的亮点，报负责人审查后进行制作，并将海报贴到学校规定的宣传板上进行宣传。

（4）活动实施要切合实际，通过实践活动，一方面提高社团成员的劳动水平，另一方面增强社团成员与人的沟通能力，为未来的工作和生活储备基本技能。

（5）活动结束后要在例会上复盘，列出本次活动的优点与不足，发扬优点，改正不足，积累活动经验。

（八）社团成员维护

目前由于互联网的高速发展，人们多利用网络交流，其中最常见的就是利用互联网群进行沟通。除了每天和社团成员进行沟通交流提高活跃度以外，也可以宣传活动，每天更新一些新鲜的内容，做好社团的日常运营、维护与宣传。

八、顶岗实习

顶岗实习，是指在基本完成教学实习和学过大部分基础技术课之后，到专业对口的企业现场直接参与生产过程，综合运用本专业所学的知识和技能，以完成一定的生产任务，并进一步获得感性认识，掌握操作技能，学习企业管理，养成正确劳动态度的一种实践性教学形式。

学生经本人申请，职业学校同意，可以自行选择顶岗实习单位。对自行选择顶岗实习单位的学生，实习单位应安排专门人员指导学生实习，学生所在职业学校要安排实习指导教师跟踪了解实习情况。

实习单位应当合理确定顶岗实习学生占在岗人数的比例。顶岗实习学生的人数不超过实习单位在岗职工总数的 10%，在具体岗位顶岗实习的学生人数不高于同类岗位在岗职工总人数的 20%。

学生在实习单位的实习时间根据专业人才培养方案确定，顶岗实习一般为 6 个月。支持鼓励职业学校和实习单位合作探索工学交替、多学期、分段式等多种形式的实践性教学改革。

九、职业学校学生实习管理规定

实习是职业教育重要的教学环节，既是专业学习和技术技能训练的必备途径，也是锤炼意志品质、提前熟悉岗位、引导融入社会的重要方式。教育部等八部门联合印发的《职业学校学生实习管理规定》（2021 年修订）是开展实习管理的主要依据，能够切实保障实习学生的合法权益。该管理规定还配发了《职业学校学生岗位实习三方协议（示范文本）》，明确了必须由职业学校、实习单位、学生三方签署协议后方可实习。

十、创业孵化基地

创业孵化基地是一个能给创业者提供一些服务的平台，如提供共享服务空间、经营场地、政策指导、资金申请、技术鉴定、咨询策划、项目顾问、人才培训等多类创业方面的服务。创业孵化基地总体可划分为四大功能区：初创孵化区、项目展示区、创业培训区和综合服务区。创业孵化基地通过政策聚焦，汇聚各类社会资源，在创业文化、创业培训、创业指导、创业资金等优质资源的支持下为创业者提供专业、全面的创业服务。

十一、劳动者应具备的技能

劳动者不断提高自己各方面的技能，有利于自己的职业发展。一般可以把劳动者应具备的技能划分为三种：技术技能、人际关系技能和解决问题的技能。

（一）技术技能

许多企业提供的培训主要是针对提高员工的技术技能。技术技能既包括最基本的技能——阅读、写作和数学计算能力，也包括与特定职位相关的能力。随着科技的进步、商业的发展，绝大多数职位的要求与以前相比变得更加复杂。同时，大量的高新技术被用于生产领域，很多从事低技术含量工作的人将会失业。

（二）人际关系技能

每个劳动者都从属于一个组织。从某种程度上讲，处理好人际关系，有利于个人职业的发展。有些劳动者需要提高其处理人际关系技能，包括如何做一个好的听众，如何同他人沟通自己的思想，如何避免冲突等。

（三）解决问题的技能

许多劳动者发现，他们工作中需要解决一系列的问题，特别是对于那些非常规的、富于变化的工作更是如此。如果劳动者解决问题的技能不尽如人意，那么可以通过强化逻辑推理和确定问题的能力，制定解决、分析问题的可行方案来达到目的。

十二、职业生涯规划

职业生涯规划就是对职业生涯乃至人生进行持续的系统的计划的过程，是指针对个人职业选择的主观和客观因素进行分析和测定，确定个人的奋斗目标并努力实现这一目标的过程。也就是说，要根据自身的兴趣、特点，发挥自己的长处，选择适合自己的事业，做好发展规划。做好职业生涯规划，可以参照下面的“5W”思考模式。

（1）Who are you？（你是谁？）

（2）What do you want？（你想干什么？）

（3）What can you do？（你能干什么？）

（4）What can support you？（环境支持或允许你干什么？）

（5）What can you be in the end？（你最终的职业目标是什么？）

十三、创业计划书

创业计划书是创业者计划创立的业务的书面摘要，一份优秀的创业计划书往往会使创业者达到事半功倍的效果。

通常需要在创业计划书前面写一页左右的摘要，接下来是创业计划书的具体章节，一般分成以下十大部分。

（一）事业描述

描述所要进入的是什么行业，销售什么产品或服务，哪些群体是主要客户，所属产业的生命周期是处于萌芽、成长、成熟还是衰退阶段，企业是独资还是合伙或有限公司，打算何时开业，营业时间多长，等等。

（二）产品或服务描述

描述产品和服务是什么，有什么特色，跟竞争者相比有什么差异及独特优势。

（三）市场

界定目标市场在哪里，是既有的市场已有的客户，还是在新的市场开发新客户，决定怎样上市、促销、定价等，并且做好预算。

（四）地点

描述所选择的公司或店面地点及选择的理由。

（五）竞争

竞争分析可以从五个方向去梳理：谁是最接近的竞争者，他们的业务如何，他们与本业务相似的程度，从他们那里学到什么，如何做得比他们好。

（六）管理

描述如何开展相应管理工作。

（七）人力

描述引进哪些专业技术人才、是全职还是兼职、薪水如何计算、所需人力成本等。

（八）财务需求与运用

描述资金来源、款项运用、资金周转等情况，并预测未来3年的资产负债、损益和现金流量。

（九）风险

预测有哪些风险，当风险来临时如何应对。

（十）成长与发展

描述如何持续经营。

活动 1 提升职业劳动技能

职业劳动技能是中职生未来安身立命的根本。掌握一技之长，形成某一方面的专业所长，在未来相应的工作岗位迅速适应职业生活、胜任岗位工作，是中职生在职业学校为未来工作和生活所做的必要准备。

活动目标

1. 认识职业劳动技能对未来工作和生活的重要意义。
2. 能说出本专业涉及的劳动技能及基本要求。
3. 能说出自己对提高劳动技能水平的看法。
4. 能客观认识自己的劳动技能水平和努力方向。
5. 能够在具备条件的前提下进行本专业基本职业劳动技能展示。
6. 能知晓本专业领域一些先进榜样或典型人物，明确奋斗目标。

活动过程

1. 结合对本专业对应职业的初步了解，写下你对职业劳动技能重要性的认识。

2. 搜索本专业涉及的劳动技能、典型工作场景，分析其对劳动者素质的基本要求。

3. 分组讨论可以通过哪些方法提升职业劳动技能并记录下来。

4. 回顾自己在专业领域的学习成果，客观评价自己目前的技能水平，分析当前你可从事的工作类型，并写下今后的打算。

5. 在课前必要准备的基础上，分组进行职业劳动技能展示。

6. 分组分享榜样事迹，谈谈自己的看法和努力方向。

活动 2 了解职业技能大赛

通过参加职业技能大赛，中职生不仅能够在专业技能上获得显著提升，还能将所学知识与实践操作紧密结合，展现个人才华。比赛中的挑战与机遇，能够促使中职生不断突破自我，提升应变能力与创新思维。同时，这也是一个与行业精英交流切磋的平台，能够让中职生拓宽视野，增强自信心。最终，这段经历将成为中职生职业生涯中宝贵的财富，为未来的成功奠定坚实基础。

活动目标

1. 了解本专业职业类竞赛的种类和竞赛方式。
2. 初步了解本校或本地区本专业师生职业类竞赛参与情况。
3. 能根据职业类竞赛要求做参赛计划。

活动过程

1. 查阅资料，了解本校或本地区本专业职业类竞赛的种类和竞赛方式，并分别列出来。

2. 调查本校或本地区本专业师生职业类竞赛参与情况，如历届比赛成绩、优势与不足，做一份 1000 字左右的分析报告。

3. 选择一项职业类竞赛的通知或竞赛方案，认真研读，做一份参赛计划书，列出参赛必要的准备，写明完成的步骤。

4. 了解学校有哪些活动与提升职业技能水平相关，列一份清单。

5. 读一读世界技能大赛参赛选手的事迹，与老师、同学分享心得体会并记录下来。

6. 摘录几份职业竞赛选手的获奖感言或感想语录。

活动 3 参与或组织专业社团活动

通过参与或组织专业社团活动，不仅能深化对专业知识的理解与应用，还能在实践中培养团队协作能力与创新精神。社团活动为社团成员提供了将课堂所学知识转化为实际操作技能的平台，促进知识与实践的深度融合。同时，通过策划与组织活动，学生可学会项目管理、沟通协调等职业技能，为未来的职场生涯积累宝贵经验。这一过程也可促进个人兴趣与专业发展的紧密结合，激发对专业领域的持续探索与热爱。

活动目标

1. 了解学校开展了哪些第二课堂及专业社团活动。
2. 查阅资料，了解其他院校有哪些相关社团组织或活动项目。
3. 能结合本专业学习目标，选择相应专业社团或组织相关社团活动。

活动过程

1. 咨询及调查学校开展了哪些第二课堂及专业社团活动，筛选出与本专业相关的内容，列一份清单。

2. 查阅资料，了解其他院校有哪些相关社团组织或活动项目以及这些活动的参与度与实施效果，做一份简要的说明。

3. 结合本专业学习目标，选择相应专业社团或组织相关社团活动，说明你选择的理由与下一步参与计划。

4. 协助老师组织一个社团活动项目，设计一份专业社团宣传海报。

5. 以小组为单位召集成立一个社团，为社团起一个名字并制订一份活动方案。

6. 收集一些优秀社团活动宣传报道资料，分析其可供借鉴的地方并记录下来。

活动 4 开展顶岗实习活动

投身顶岗实习活动，精心规划实习蓝图，不仅是一次职场初体验，更是能力提升的加速器；可将理论知识与实战操作深度融合，于实践中磨砺专业技能，于挑战中锻造职业素养。通过系统化、前瞻性的实习计划，不仅能促进专业技能的精进，更能激发创新思维与提高问题解决能力，为职业生涯奠定坚实基础。此番历程，是自我超越的过程，亦是梦想照进现实的桥梁，助力每一个中职生在时代洪流中扬帆远航，绽放璀璨光芒。

活动目标

1. 了解顶岗实习的内容。
2. 认识顶岗实习的意义。
3. 明确顶岗实习的要求。
4. 了解顶岗实习注意事项。
5. 能独立做顶岗实习计划。

活动过程

1. 阅读相关资料并向老师咨询，了解本专业顶岗实习的基本内容并将其列出来。

2. 结合了解到的情况，分组讨论顶岗实习的意义，选取学生代表进行表述。

3. 收集顶岗实习的要求和注意事项，列出生活、工作、协作交流等不同方面的要点。

4. 调研本专业顶岗实习需具备的能力，分析自身还存在的不足之处并记录下来。

5. 做一份顶岗实习计划。

6. 调查了解自己学校、社区或所在城市技能人才工作状况，了解他们的工作环境和薪资水平，写一份调查报告。

活动 5 制订创新创业计划

通过制订创新创业计划，不仅能激活个人内在潜能，将创新思维与专业技能深度融合，孕育出颠覆传统、引领潮流的创业项目，为市场注入新鲜血液，还能在职业规划的征途中，树立远大志向，明确奋斗目标，使每一步都踏在时代的脉搏上，与未来同行。

活动目标

1. 了解创新创业的基本含义。
2. 了解青年创新创业的政策。
3. 掌握创业策划书的要点。
4. 能够做一份简单的创业计划书。

活动过程

1. 阅读相关资料，了解什么是创新创业，整理要点并记录下来。

2. 查阅资料，开展调研访谈，了解青年创新创业的政策，分组汇报。

3. 收集几份创业策划书，了解其核心内容，讲解方案要点。

4. 分组研究，做一份创业计划书。

5. 讲解你的创业计划书，模拟回答投资人或模拟投资人提问。

6. 调查了解自己学校、社区或所在城市创新创业状况，了解创新创业环境，写一份调查报告。

活动 6 试做职业发展规划

扎实技能对中职生意义非凡，它是适应市场需求、助力技能强国战略的重要基石。在人才竞争加剧的时代，拥有精湛技艺的中职生成为企业竞相争抢的对象，为职业道路铺设了宽广的起点。同时，作为技能强国建设的生力军，中职生通过不断提升技能水平，为国家产业升级和经济转型贡献力量。此外，扎实技能还是职业规划的坚实支撑，它帮助中职生明确职业方向，实现个人价值与社会贡献的和谐统一，为梦想照进现实铺就坚实之路。

活动目标

1. 了解人才类型以及技能人才特点。
2. 了解技能人才的需求。
3. 了解技能强国战略。
4. 掌握本专业基本技能。
5. 能够初步做职业发展规划。

活动过程

1. 阅读相关资料，了解人才类型以及技能人才特点并记录下来。

2. 进行市场调研或研读研究报告，分析本专业相关技能人才需求。

3. 查阅相关资料，了解技能强国战略的基本内容，列出摘要。

4. 调研本专业工作领域所需基本技能，梳理出技能项目，记录下来，并逐一对照做自我技能水平评估。

5. 调查了解自己学校、社区或所在城市技能人才成长故事，说说它们带给你的启示。

6. 做一份职业发展规划，并向同学们做汇报。

活动 7　任务评价

活动目标

1. 能对照任务目标完成自我评价。
2. 能根据分组或独立学习情况，选派代表进行任务完成情况的说明与总结。
3. 能根据任务完成情况，正确、全面地进行任务总结。
4. 能对学习与工作进行总结反思，能与他人进行有效的沟通和良好的合作。

活动过程

1. 自我总结：简述个人在小组中的任务，小组代表展示任务完成情况。

2. 自我提升：根据任务完成情况，分析学习过程中的不足之处及其原因，并思考如何改进，填入表 7-1 中。

表 7-1　自我提升分析

活动	工作内容	不足之处	原因分析	改进意见
1				
2				
3				
4				

3. 按要求完成任务评价表（表 7-2）。

表 7-2　任务评价表

任务名称				
定量评价	个人自评（10%）/ 分		小组评价（30%）/ 分	指导教师评价（60%）/ 分
活动综合评价（80 分）				
劳动安全文明（20 分）				
小计				
最终结果	定量（分）		定性（星级）	
个人小结（看了什么、说了什么、学了什么、做了什么、体验了什么、收获了什么、创造了什么、创新了什么）				

参考文献

李醒东，曲霞，2021. 劳动教育概论 [M]. 北京：高等教育出版社 .

马开剑，2022. 新时代劳动教育的新境界 [M]. 上海：华东师范大学出版社 .

毛翠丽，侯银海，李明，2021. 中职生劳动教育教程 [M]. 北京：中国民主法制出版社 .

毛翠丽，刘文光，侯银海，2021. 职校生入学与劳动教育指导 [M]. 南昌：江西教育出版社 .

檀传宝，2020. 劳动教育论 [M]. 北京：教育科学出版社 .

吴安春，2022. 劳动教育与美好生活 [M]. 济南：山东教育出版社 .

徐长发，2021. 新时代劳动教育再发展的逻辑 [M]. 北京：人民出版社 .